なぜ組織の心理的安全性が高まらないのか

賀川正宣
KAGAWA
MASANORI

幻冬舎MC

なぜ組織の心理的安全性が高まらないのか

はじめに

日々の業務を円滑に進めていくために、コミュニケーションは必要不可欠なものです。しかし、職場には年齢や性別の違い、役職による上下関係があり、良好なコミュニケーションを取ることは簡単ではありません。職場の人間関係による悩みは、当事者や周りに大きなストレスを与えることはもちろん、離職や生産性、ひいては企業の業績にまで影響をもたらします。「分かり合えない」「伝わらない」「本音で話せない」などのコミュニケーション不全が起こると、人材育成も組織強化もうまくいきません。

私は現在、アメリカで開発された脳神経科学と統計学に基づくプロファイリング（心理測定）ツールを日本に導入し、企業の規模を問わず良好なコミュニケーションを実現するための研修やコンサルティングを行っています。

このツールでは、100の質問の回答によってその人の脳の個性を分析し、1万件の統計データをもとにプロファイルを作成して行動・思考の好みや特性を数値化（見える化）します。実は脳の個性によって好む行動や思考のパターンは大きく異なり、ゆえに自分が良かれと思って発した言葉が、相手には嫌味や否定に聞こえてしまうことがあるのです。この脳の個性の違いこそが「分かり合えない」「伝わらない」「本音で話せない」の原因になっています。

プロファイルを見れば、自分と相手の違いは一目瞭然です。これを手掛かりにしてお互いが相手の好み・特性に合わせた伝え方をしていくことで、コミュニケーションのずれが解消でき、良好な人間関係が築けます。近年チームマネジメントや人間関係において心理的安全性の重要性が強調されることが多くなりましたが、心理的安全性をつくろうと意図しなくても〝必然的に心理的安全性の高い人・組織になる〟というのが、このツールの一番の強みです。

また、管理職やチームリーダーは一人ひとりに合わせた声掛けができるので、能力やモチベーションを引き出したり、エンゲージメントを向上させて離職を防いだりすることができます。職場の全員で取り組めば、結束力を強めて業績を向上させることも可能なのです。

実際にこのツールは世界79カ国で展開されており、マイクロソフトやヒルトンホテル、アメリカン航空などの海外の大企業でも導入され、効果を発揮しています。

本書では立場や経歴、性別などにかかわらず誰にでも効くコミュニケーションの万能薬として、アメリカ発の科学的プロファイリング「エマジェネティックス」を解説します。

本書を通して企業経営に悩む経営者の皆さんの課題解決が叶えば、これに勝る喜びはありません。

目　次

第2章

組織の人間関係を円滑にするために――
社員一人ひとりの「心理的安全性」を高めることが不可欠

第3章

自分と相手の〝普通の違い〟を知る
コミュニケーションを科学する「エマジェネティックス」

第4章

エマジェネティックスプロファイルを活用すれば心理的安全性が高まり、マネジメントは格段にラクになる

第5章

個性を認め合う文化が企業に根づけば組織のポテンシャルは無限大になる

第1章

高い離職率、低い生産性、伸び悩む部下……

企業が抱える課題のほとんどは“職場の人間関係”が原因

人材不足は喫緊の課題

企業が抱える経営課題は多岐にわたり、業種によってもさまざまですが、その中でも人材不足は規模・業種を問わず非常に多くの企業に共通の課題であり、解決の難しい悩みの種となっています。帝国データバンクの人手不足に対する企業の動向調査（2024年4月）では、人手不足を感じている企業の割合が正社員で51・0％、非正社員で30・1％とあり、正社員では6カ月連続、非正社員では5カ月連続で上昇しています。

さらに中小企業に絞るとますます状況は深刻と言え、経済産業省が行った「中小企業の経営人材の育成に関する実態調査（平成29年）」では、61・6％の企業が人材の確保・定着・育成を経営課題としてとらえており、うち35・3％は最重要課題だと答えました。

人材不足は生産力の低下につながり、それにより業績が落ちればますます人が離れていくという悪循環を招きかねません。そのためこの状況を打破しようと、多くの企業が採用に力を入れていますが、少子高齢化が進行し生産年齢人口が減少している日本において、採用を増やすことは年々難しくなっていくと考えられますから、人材不足を一朝一夕に解決するのは容易ではないと言わざるを得ません。

一生懸命育てても伸びない部下、チームの機能不全で苦悩するリーダー

人を増やすことが難しい状況の中、人材不足による生産力低下を解消する方策として、社員の人材育成に力を入れる企業が増えています。しかし、現実には多くの企業で思うような成果は出せていません。

これは、機械化・電子化が行き渡った現代においては、多くの企業にとって、業務に必要な技能そのものの習得が必ずしも最優先の育成課題ではないということに理由があります。

企業が求めているのは熟練した技能や突出した能力をもつ個人というよりもむしろ、組織において自発的に行動し貢献できる人材なのです。

そして、そういった人材を育成するのは、単に技術や知識を教え込むようなやり方とはまったく異なったものになります。また社員一人ひとりの個性にも左右されやすいことから、明確な成果を出せる「正しい」育成方法が明らかではないのです。

どの企業でもより良い育成方法を模索してはいるものの、費やす時間や労力に見合った成果を上げるのは容易なことではありません。まして、そういったリソースが限られた中で日々の業務に追われがちな中小企業にとってはなおさら大きな負担となります。採用が難しい状況の中で育成すべき人材のえり好みもあまりできませんから、場合によっては上司や先輩がどんなに一生懸命育てようと力を尽くしてみても、当の部下にはそれがまったく響かないということも起こります。

例えば、いくら丁寧に説明しているつもりでも、相手の理解に至らないということがあります。また、指示をするとその言葉どおりにしか動かず、状況に応じて対処す

図１　仕事を辞めたいと考えている理由を教えてください（複数回答）

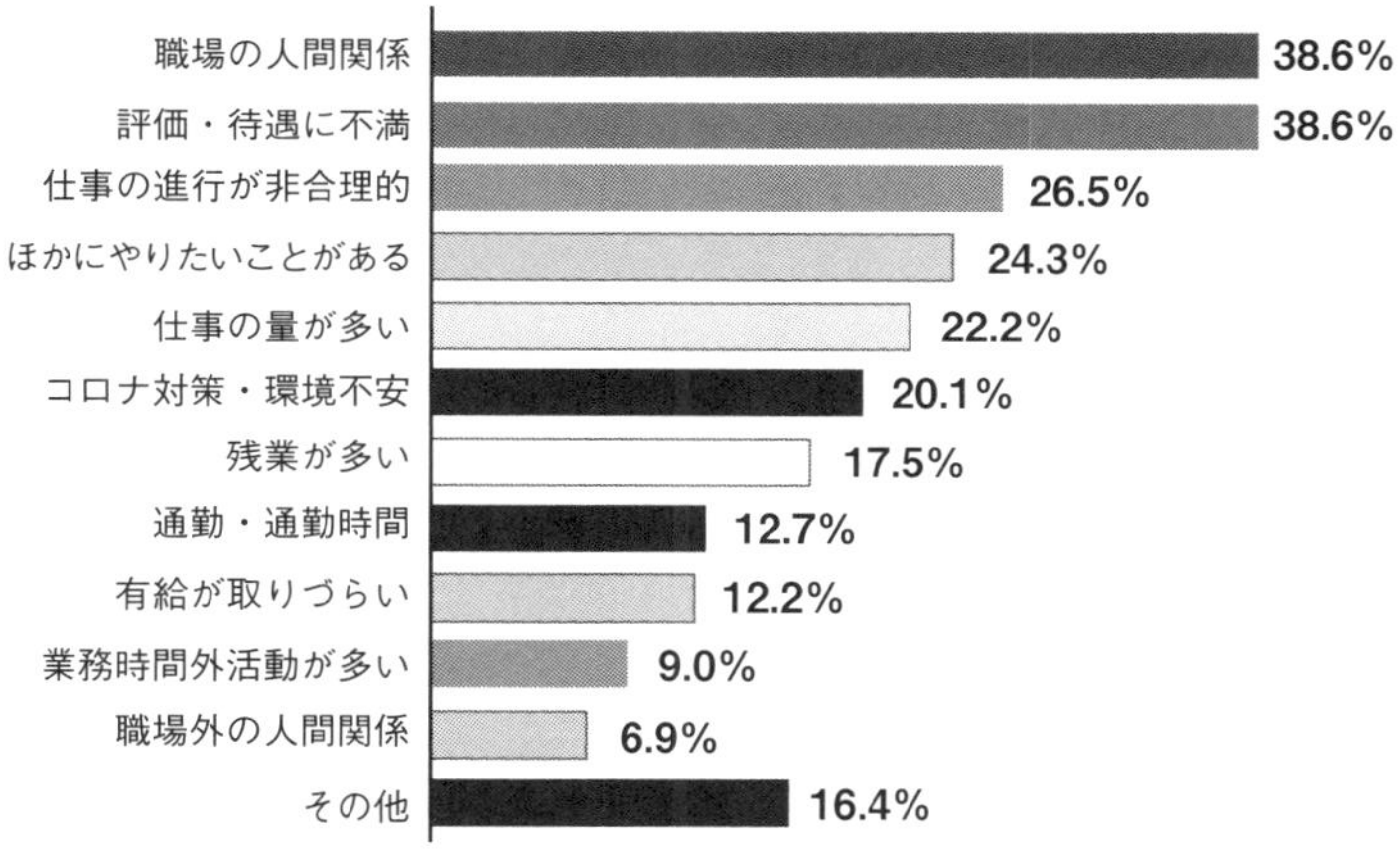

出典：日本労働調査組合「仕事の退職動機に関するアンケート調査（2021年）」

ることができないとか、そのせいで同僚や顧客とトラブルを起こすなどといったこともあります。その結果、教える立場の先輩やリーダーとなる人材は疲弊し、チームだけでなく自身のパフォーマンスも低下してしまいます。

一方で、部下もまた上司に対して不満を抱くケースも多々あります。分からないことを丁寧に教えてもらえない、言われたとおりに努力しているのに認められない、チームの目的が不明のまま仕事をさせられ、それを聞ける環境が整っていないなど、上司との人間関係や職場の雰囲気に不満があると、やる気を失ったりメンタル不調に陥ったりしてしまいます。

信頼関係が破綻した状況が続くと最悪の場合、人間関係に疲れた、この会社での成長が見込めないなどを理由に、社員が離職してしまいます。日本労働調査組合の「仕事の退職動機に関するアンケート調査（２０２１年）」によると、仕事を辞めたいと考えている理由は「職場の人間関係」と「評価・待遇に不満」がともに38・６％で同率1位という結果でした。また、同調査では仕事を辞めたくなったきっかけとして「上司は効率よく一つずつ仕事をやれと言うだけで助けてくれない」「休日に上司から連絡が頻繁にくる」「担当する業務が終わっても時間外のヘルプを強要させられる」「自分にとってやりがいを感じる仕事が会社や上司に重要視されていない」などが挙げられています。転職が当たり前になりつつある今の時代において、職場の人間関係がうまくいっていないと簡単に社員の離職につながってしまいます。

人を増やすのが難しいために育成に力を入れたはずが、それが引き金となって人間関係の悪化を招き、離職者を出すことになったとすれば、離職した人材のみならず育成に費やした人的、時間的コストの面からも大きな損害と言えます。さらには、新人採用において、応募者がこの会社にはメンタル不調の社員や突然の退職が多いなどの情報を知れば、内定を辞退する人が出てくる危険すらあります。そうなれば、会社の人材不足にさらに拍車を掛けてしまうことにもなってしまいかねません。

人間関係が業績を左右する

こういった事態の原因の約８割は、結局のところ「人」の問題であり、人間関係が解決の鍵となっているのです。社員同士や上司と部下のコミュニケーションが円滑であれば、チームも個人も十分なパフォーマンスを発揮し、ひいては会社の業績アップにつながります。

人材育成の目的は言うまでもなく経営課題の解決と業績の向上であるはずですが、人材にアプローチすることの難しさからＤＸのための設備投資でそれらを目指そうとする動きも見られます。しかしあらゆる経営課題は単一で起こっているのではなく、個々の問題が絡み合い連鎖的に生じているものです。したがってどんなに設備投資をしても直接は業績の改善につながらず、また他社の成功例をどんなに真似てみても効果は薄いと言わざるを得ません。

また業務の効率化においても、仮にＤＸを導入したとして、結局は担当者や運用する社員間のコミュニケーションが的確でスムーズでなければ、どんなにハードウエアに多額の投資をしても解決しません。

販売力強化による売上の向上についても同様で、現場の人間が改善すべき課題や問題点に気づいても、それを言うことができない、あるいは上司が認めてくれない組織であったり、そういった事態に経営者が無自覚であったりしては、その気づきは永遠に活かされません。逆に言うとそれさえ改善できれば、大きな投資をしなくても業績アップにつなげることはできるのです。

さらには良好なコミュニケーションを通じて人間関係が円滑になることは社員の人間的な成長に直結します。会社が業績を追い求めながら、社員一人ひとりが人間として成長していける環境を作ることは組織として理想的な姿であるはずです。企業として業績アップを求める以上、数字上の改善に意識をとらわれがちになリます。だからこそ、それを左右するのは、現場で業務を実行する「人」であることを忘れてはいけません。「人」が育たない会社はノウハウも人脈も育たず、生産性が失われていきます。コミュニケーションの改善という最も基本的なアプローチを重視するほうが有効です。

会社経営課題の原因は「人」にある

会社では年齢も立場も境遇もそれぞれ違う人たちが一緒に働いています。仕事をするうえでは社員同士のコミュニケーションが必要となりますが、関わる人が多ければ多いほど「あの人とは話が合わない」「あの人と一緒にいると居心地が悪い」「あの人のことは人間として好きになれない」などの気持ちを抱くことは少なくありません。個々の小さな関わりづらさはやがて組織にも影響を及ぼし、風通しの悪さや社員同士のコミュニケーション不足、さらに上司と部下との関係や部署間の軋轢《あつれき》などにつながります。その結果、離職率が増えたり生産性が低下したりと、会社の経営課題として浮き彫りになってしまうのです。

各企業は高い離職率や低い生産性などの解決手段として人材育成に力を入れていま

すが、必ずしも目覚ましい効果を得られているとはいえません。人材育成については個々の社員のスキルアップが重視されることが多く、根本の原因である社員同士の人間関係の改善という視点が抜け落ちているからです。既存社員のパフォーマンスを十分に発揮させるためには、それを活かせる環境の整備が必要です。そのためにも社内の人間関係に目を向け、改善していくことが問題解決への鍵となります。

第2章

組織の人間関係を円滑にするために——

社員一人ひとりの「心理的安全性」を高めることが不可欠

強い会社になるには「心理的安全性」が鍵

業績を上げていける強い会社になるためには、まずその根本にある「人」の問題を解決することが必要です。そのために最も重要なものが「心理的安全性」です。

「心理的安全性（psychological safety）」は、組織行動学の研究者エイミー・エドモンドソンによって1999年に提唱された概念です。「心理的安全性が高い状態」の定義は「チームのほかのメンバーが自分の発言や行動を拒絶したり、罰したりしないと確信できる状態」。つまり組織の中で自分の本音を誰に対してでも安心して発言できる状態のことを言います。

例えば企画会議でブレーンストーミング（集団発想法）をしようとする場合を想定します。一般的にブレーンストーミングには4つのルールがあります。

①他人が出したアイデアを否定しない

②変わったアイデアを尊重し、自由に発言する
③質より量を重視する
④他人のアイデアを組み合わせたり改善したりして、新しいアイデアを出す

心理的安全性の低い組織では、こうしたルールがあるにもかかわらず、自分の考えを述べると笑われるのではないか、自分の意見は否定されるのではないか、と考えて本音を言えず、ブレーンストーミングが成立しないことが珍しくありません。

逆に心理的安全性が高い組織になると、本音で意見を出すことにためらいがありません。そのためこのようなルールを定めなくても、どんな発言も受け入れてもらえるという安心感を持つことができ、笑われたりばかにされたりすることを恐れず、思いついたアイデアを積極的に発言することができます。また今までのやり方についての疑問や新たなやり方の提案などもできるので、組織の新陳代謝の活性化にもつながります。

心理的安全性についてはGoogleが「生産性が高いチームは心理的安全性が高い」と

いう研究結果を発表しています。創業者のラリー・ペイジとセルゲイ・ブリンはエンジニアを雇用する際に、個々のエンジニアの質が高ければ必然的に成果は出る、チームにマネジメントなど必要ない、と考えていました。

そしてそれを証明しようと調査を行いましたが、意に反して、「有能なマネージャーがいるチームは満足度も生産性もほかに比べて高い」という結果を得ます。

そこでさらにマネジメントの強化をしていたにもかかわらず、チームによって成果にばらつきがあったことから、その原因を再調査した結果、「真に重要なのは『誰がチームのメンバーであるか』よりも『チームがどのように協力しているか』である」ということが分かりました。

つまりチームメンバー個人のスキルの高さはチームの成果とはあまり関係がなく、メンバー間の心理的安全性が高く、メンバー全員がチームのために貢献したいと考えているチームほど成果が高いということです。具体的には「心理的安全性の高いチームは離職率が低いうえにほかのメンバーが発案した多様なアイデアの活用がうまく、収益性が高く、マネージャーから評価される機会が2倍多い」という結論を得たのです。

２０２０年に新型コロナウイルス感染症が拡大し、テレワークを導入する企業が増えたことも心理的安全性が重視されるようになった一因です。出社して顔を合わせてコミュニケーションを取ることが激減し、チャットやパソコン画面を通した対話などデジタルでのコミュニケーションが激増しました。

オンラインコミュニケーションはリアルな対面コミュニケーションとは勝手が違います。人は思った以上にさまざまな情報を使って相手を判断しているのです。オンラインでの限られた情報しか得られない状況では、チームメンバーの状況を把握できず、コミュニケーションの量も制限されていることから、チームのメンバー間の連携不足が生じることが増えました。

特にリアルな人間関係ができていないチームメンバー（新人）がなかなかチームになじむことができず、成果を出せない、モチベーションが下がるということも多く見られました。

こうしたコミュニケーション手法の変化が、仕事の成果や事業の成長にも影響を与えることが分かり、その対策として「心理的安全性」への関心がさらに高まったのです。

心理的安全性が低い職場には４つの不安が潜んでいる

エドモンドソンは心理的安全性を低くする要因として、次の４つの不安を指摘しています。

・無知だと思われる不安（Ignorant）

業務で知らないことや疑問点が出てきたときに質問や確認をしたくても、こんなことも知らないのか、と思われるのではないかと不安になり、質問や確認をためらってしまいます。その結果、必要な質問や確認ができず、業務上のミスや不備が生じやすくなります。

・無能だと思われる不安（Incompetent）

ミスや失敗をしたときに、こんなこともできないのか、とか仕事のできない奴と思われてしまうのではないかと不安になります。そのため、自分の間違いや弱点を認めなかったり、ミスを隠したりするようになってしまいます。

・邪魔をしていると思われる不安（Intrusive）

自分が発言することで議論が長引いてしまうのではないか、本題からずれた発言をしてしまうのではないかと考えてしまいます。メンバーに、いつも話の邪魔をしてくる、と思われることへの不安から、提案や発言を飲み込んでしまいます。

・ネガティブだと思われる不安（Negative）

現状を改善するための提案をしたくても、ほかのメンバーの意見を批判している、と否定的にとらえられることを恐れて、意見を控えたり重要な指摘をしなくなったりします。するとチームが変化できないだけでなく、本人も自分を押し殺して働くことになってしまいます。

心理的安全性がチームにもたらす３つのプラス効果

『世界最高のチーム グーグル流「最少の人数」で「最大の成果」を生み出す方法』（ピョートル・フェリクス・グジバチ　朝日新聞出版）では、心理的安全性がチームに与える効果として次の３つを挙げています。

①チームメンバーがフロー状態になりパフォーマンスが上がる

心理学者のミハイ・チクセントミハイが提唱した「フロー理論」とは、全意識が活動に没頭し、流れるように課題を進める最適状態のことを言います。例えば芸術家が時間の経過を忘れて創作活動に熱中することや、寝食を忘れて没頭していたというのがフロー状態に当たります。

フロー状態のとき、私たちの脳内では、神経伝達物質のドーパミンやエンドルフィンなどの分泌量が増え、幸福感が高まるとともにストレスが下がると言われています。心理的安全性が高くなると、このフロー状態が起こりやすくなり、その結果、取り組んでいる仕事に集中し効率が上がるだけでなく、メンバー全員が楽しく働けるようになるのです。

②イノベーションや改善が生まれる

心理的安全性があるチームでは前向きな議論ができるため、イノベーションや改善が生まれやすくなります。

まず現状を良くしていこうというポジティブな視点で物事を考えることで、問題点の洗い出しや改善策が見えてきます。失敗や不正などのネガティブな情報も集まりやすくなり、早い段階での対応が可能になります。

改善が困難な問題であっても全員で協力して立ち向かい、励まし合ったりアイデアを出し合ったりして解決していけます。そうする中では、時に意外な発想が飛び出し、従来の常識の壁を破るようなアイデアに発展することもあり得ます。こうした建設的な挑戦をすることで現状や常識を打ち破るイノベーションが起こりやすくなるのです。

③質の高いエンプロイー・エクスペリエンスの提供につながる

エンプロイー・エクスペリエンスとは、メンバーが仕事を通して体験する経験価値のことです。「従業員満足度」「スキルアップ」「健康状態」「会社組織での経験」など、従業員が仕事や職場で経験できるすべての要素を指します。メンバーが会社に入社してから退職するまでには、例えば日々の仕事や職場のコミュニケーション、社内制度やルール、企業文化、学びと成長、昇進昇格などさまざまな体験をします。

一人ひとりが最適な体験を積むことによって、業務スキルも人間的にも成長が促されていきます。そのために企業側は、どのような体験によってその人のモチベーションが上がるのか、あるいはどのような学習機会を与えれば成長していけるのかなどを個別にデザインする必要があります。

心理的安全性の高いチームでは、フロー状態で集中と効率が高まり幸福感が得られ、イノベーションが生まれやすくなり、エンプロイー・エクスペリエンスの提供によって個々人の成長が促進されます。これらは会社や仲間たちへの帰属意識の向上につながるものです。つまり、生産性向上のためにはまず心理的安全性の確保に目を向けることが重要なのです。

心理的安全性の作り方に関する情報はたくさんあるけれど……

企業が抱える課題を整理すると、大きく4つのジャンルに分けられます。

①人材育成にまつわる問題（モチベーションが低い、理念共有ができないなど）

②チームビルディングの問題（メンバーがまとまらない、助け合いができないなど）
③離職・定着率の問題（優秀な社員が辞めていく、新人が定着しないなど）
④業績の伸び悩みの問題（生産性が低い、売上が伸びないなど）

これらを解決するには心理的安全性の高い組織づくりが不可欠であることが分かりました。

実は心理的安全性について書かれた書籍や、Googleが発表した資料を読んでも、「どうすれば心理的安全性が作れるか」の具体策はあまり詳細には書かれていません。例えば『世界最高のチーム グーグル流「最少の人数」で「最大の成果」を生み出す方法』には、心理的安全性を高めるために1on1ミーティングが有効で、Googleではマネージャーは週1回1時間、必ずメンバーと1対1で個人面談してコーチングしていると書かれています。しかし、具体的なコーチングの手法、1on1の手法については説明がありません。

また、能力や意欲をどのように測定すればいいかは書かれておらず、そもそもマネージャーの主観での測定では先入観や好みを排除するのは困難です。意欲を内に秘めてひっそり努力する人や、成功を見せびらかさない「能ある鷹は爪を隠す」人を見過ごして、自己ＰＲをよくする人ばかりを高く評価することになると、大切な人材を失い生産性を損なう恐れがあります。そのため「メンバーの個性に応じて接し方を変えよ」「相手の能力と意欲に応じて接し方を変えるべし」とされています。ところが、メンバーの個性をどう測定するのか、どんな個性に対して、どんな接し方が適切なのかは明記されていません。

以前からある程度の信頼関係が築かれていたり、社員のモチベーションがもともと高いチームであれば、個性の測定や対応方法について、組織内に暗黙の了解があり、個性に応じた接し方ができるようになります。しかし、新しい組織や、メンバーが入れ替わった組織には、メンバー一人ひとりの個性や能力の把握もできていないこともあるかもしれません。そうした組織における心理的安全性は高い状態にはないはずです。あるいは、もともと心理的安全性が低い組織においては、組織メンバーが互いに疑心暗鬼になっていることも多く、個性の正しい相互理解もできていないことが一般的です。これらの心理的安全性をゼロから構築していきたいという場合には、既存の書籍で提唱されている内容を適用することが難しく、役に立たないと感じることが多いのではないでしょうか。そもそもどうやってゼロを1にすればいいかが書かれていないからです。書店でも心理的安全性の作り方についての解説本がたくさん見つかります。人事マネジメントの専門家が書いたネットの記事や動画もたくさんリリースされていて、無料で閲覧できるものもあり、心理的安全性の情報そのものは溢れるほど存在しています。

しかしながら、いまひとつ的を射ないという感想をもつ人も少なくないようです。私も新刊が出ると興味をもって読んでみますが、確かにそのやり方は正解の一つではあるけれども、すべての状況、すべての組織、すべての人たちに普遍的に当てはまるとは言えないなと感じるものが大半です。私が定期的に開催している企業向けのセミナーに参加する経営者や人事担当者たちも同じ意見をお持ちの方が多く「本に書かれていることを自社の状況にそのまま合わせることはできない。個々に異なる事情がある」「心理的安全性の具体的な作り方を一から知りたいのに、核心が書かれていない」

とおっしゃることが少なくありません。成功した会社の実践例や「こういう場面ではこうするとよい」といったアドバイスは一見役に立ちそうに思えます。しかし、心理的安全性を壊す理由を、科学的アプローチで整理整頓して、どんなときにどうするかが体系化されていないため、実際の場面ではさまざまな事情や背景が重なり合って、使えなかったり応用が利かなかったりすることも多いのです。

既存書籍は著者たちの経験を基に書かれており、その内容は事実を基にした話ですから正しい内容であることは間違いありません。しかし、あるチームで成功した方法がそのままほかのチームにも当てはまるわけではないのが難しいところです。業種や事業規模、構成メンバーなどが違えば組織の性質はまったく変わってきますし、会社ごとに解決したい課題の中身やレベルも少しずつ違います。何よりもチームのメンバーの個性の違いによって、さまざまな施策に対する受け取り方、効果の出方に大きな個人差が生まれます。万人に通用する方法が示されているわけではないため、再現性が低い可能性もあります。同一の環境、同一の時期、同一の条件、同一の手順、同一の個性など、すべてそろわないと再現できないということもあり、他社の成功事例をそのまま真似して実行できるとは限らないのです。

それなら失敗例に学べばいいという意見もよく聞きますが、これにも問題がありま す。なぜなら、失敗が離職や業績悪化につながることもあり、リカバリーできなくなる恐れがあるからです。また、職場で起こる問題は先に挙げた４つの課題が絡み合っているため非常に複雑です。失敗のパターンが多過ぎて学びきれません。勉強熱心な人ほど答えを探してたくさん情報に触れることになり、最後は迷宮に迷い込んでしまうというのはよくあることです。

心理的安全性のある職場とは誰もが自由に話したくなる職場

では、どうすればいいのかの答えを提示する前に、そもそも心理的安全性には何が必要なのかを説明します。

心理的安全性のある職場とは一言で言えば高い目標を達成するための本音を言い合えるチームのことです。つまり、本音を出せる関係性をコミュニケーションによって築くことができれば、自ずとチーム内の心理的安全性は高まるということになります。

心理的安全性の作り方を説いたテキストではコミュニケーションの促進・円滑化のために、誰もが発言しやすい仕組みづくりや全員が発言する風土づくり、相手を尊重する聞き方のトレーニングなどを勧めています。また、最近は下火になりつつある飲み会や社内イベントを再評価しています。

しかし、これらの施策だけでは本当の意味での本音は出てきません。飲み会や社員旅行をしても結局は話しやすい人としか話していないことも多く、「全員が発言する」とルールを決めても当たり障りのない内容や本音とは異なる建前しか言わない人もいます。相手を尊重する聞き方を全社で学んだとしても、研修の場ではできても日常会話ではなかなか実践は難しいと感じる人が多いのです。どうしても気の合わない人・考えの合わない人がいて、衝突したり避けたりするということはあります。さらに、メンバー同士の仲が良いがゆえに、だめなことをだめだと指摘することなく、目標を下げてしまうようなぬるい関係であっては本末転倒です。

いくら枠組みだけを整えても、高い目標を達成するために、相手に受け入れてもらえるという「安心」がないとコミュニケーションは活性化せず、全員が自由に話せるようにはなりません。心理的安全性で最も大事なことは、この「安心」を作ることに集約されるのです。

9割超の企業が「コミュニケーション不足による業務の支障」を感じている

ＨＲ総研の「社内コミュニケーションに関するアンケート２０２１」によると、９割以上の企業が社内コミュニケーションの不足によって業務に支障があると答えています。どんな業務に支障があるかという問いには、「迅速な情報共有」が87％、「部門間・事業所間の連携」が78％、「気軽な相談・質問」が67％となっています。

社内コミュニケーションに問題が生じる理由としては主に次の３つが指摘できます。

①経営層や他部署のことをよく知らない
②社員同士が互いによく知らない

③コミュニケーションツールや手段が適切ではない

特に注目したいのは①と②です。コミュニケーションというのはよく言葉のキャッチボールに例えられますが、相手にボール（言葉）を投げて、相手から返ってくるボールを受け取ることで成立します。「コミュニケーションが苦手」と一言で言っても、ボールを投げるのが下手な人もいれば受け取るのが苦手な人もいるわけです。そこで上位者がそれを見極めて上手にリードすることができると、心理的安全性がスムーズに築かれます。

野球が上手な人は、相手がキャッチしやすい位置や速さでボールを投げてくれるので、相手はストレスなくキャッチボールを楽しむことができます。少々コントロールの悪いボールを投げ返しても、きちんと受けてくれるので嬉しくなりますし、相手のことを信頼してボールを投げ返すことができます。そして自分も野球が上手になった気がして自信がつきます。

会話もこれと同じで、コミュニケーションが上手な人は相手が気持ちよく受け止められる言葉を投げることができます。また、相手から返ってくる言葉も余裕をもって受け止めることができます。すると、相手はこの人とは話せる、自分のことを分かってくれると感じて、心の垣根が消えていきます。これが心理的安全性で目指す「安心感」です。

相手の好むコミュニケーションスタイルを見極めつつ、その人に合った言葉や伝え方を選んでいくというのが、円滑なコミュニケーションのポイントなのです。

「安心」を育むために必要なこと、それは相手に合わせたコミュニケーション

コミュニケーションは双方向なので、自分のことを分かってもらえていると感じるのと同時に、自分も相手のことを分かってあげられると思えるとき、安心感のある理想的な人間関係を築くことができます。お互いの意思疎通がスムーズになり、「分かり合える」という一体感を得ることができるのです。たとえ意見の食い違いがあっても、忌憚《きたん》なく話し合うことができるので、擦り合わせて妥協点を探ったり、わだかま

りなく相手に譲ったりできるようになります。しかし、それは言葉で言うより難しく、やっているつもりでもなかなかうまくいかないことが多いのです。

コミュニケーションにおいて相手を尊重するのが大事だということは、誰しも頭では分かっていると思います。私たちは子どもの頃から「相手の気持ちになって考えよう」「自分がしてほしいように相手にも接しよう」と親や先生から教わってきました。そのため、みんな「相手はきっとこう感じているに違いない」「こうすれば喜んでくれるはず」と一生懸命に想像力を働かせて、相手を大事にしたコミュニケーションをしようとしてきたことでしょう。

それにもかかわらず、図らずも相手を傷つけてしまったり、言葉を尽くしても分かり合えなかったりといった経験をした人もいると思います。相手を元気づけようとして言ったことが、なぜか相手の感情を逆なでして怒らせてしまうとか、全力で褒めたつもりが相手には全然伝わっていなかったとか、二人に同じように言葉を掛けたのにそれぞれで反応が違うとか、そういったコミュニケーションのずれは日常のあらゆる場面で起こってきます。

良かれと思って発した言葉の真意が伝わらない……この感覚は誰もが一度ならず経験しているはずです。

コミュニケーションのずれは、相手と自分の「普通」の違いから起こる

こうしたコミュニケーションのずれは、なぜ起こるのでしょうか。人には個性があり、その個性は脳が作り出しています。21世紀になって急速に発展した脳神経科学と、そこから生まれた脳神経心理学の研究結果によって、脳の使い方が人によって異なり、その使い方の違いが個性を生むことが分かりました。それぞれ個性があるために、自分と他人の「普通」が違うことが明らかになりました。この「普通」の違いが、コミュニケーションのずれを起こしているのです。自分では「これが普通」「当たり前」「常識」と思っていることが、他人にはまったく違って認識されていることがあるのです。というのも、脳の使い方は千差万別で、自分の「普通」と他人の「普通」が似

ていることより異なることのほうがそもそも圧倒的に多いからです。

例えば、取引先に行き、受付で「今は担当者が席を外しているので、しばらくお待ちください」と言われたとします。「しばらく」とはどれくらいの時間なのか。数分だと思う人もいれば、10分くらいを心づもりする人、30分までなら許容範囲で待つという人もいます。

また、友人から「あいつ大金を手にしたらしいぞ」とうわさ話を聞いたとしたら、どれくらいの金額をイメージするのか。100万円か、1000万円か、宝くじで1等が当たるイメージを思い描いた人なら数億円ということもあり得ます。

例えば、上司があなたを含めた数人の部下たちに「今日飲みに行かない？」と突然誘ったとします。このとき「いいですね！　ぜひ！」と二つ返事で答える人もいれば、「すみません、実は今日予定があって……」と断る人もいます。あなたが上司からの誘いは絶対に断るべきではない！と考えている人であれば、誘いを断った人に対して非常識だと感じてしまうかもしれません。

もちろん本当に予定があるのかもしれませんが、断った人に対して「上司の仕事への思いを知るいい機会でもあるし、今後の仕事もしやすくなるかもしれないからできる限り誘いを優先したほうがいいよ」と自分なりの親切心でアドバイスをしたとします。しかし、目的が明確ではない飲み会は時間とお金の無駄だから行かない、事前に予定していないことは避けたい、新しい発見や面白そうなことがない飲み会には参加しない……そういった考えをもって生活をしている人、それが普通だと思っている人からすれば上司だからという理由だけで行ったほうがいい、と言われても迷惑だと感じる可能性があるのです。

このように、自分では普通だと思っていることは、決して世の中すべての人にとっての普通ではありません。そもそもすべての人に共通の「普通」など、この世にほとんど存在しないのです。

それにもかかわらず、私たちは相手の立場に立って考えている「つもり」になっています。もしも、やや強引に「それでも絶対に行くべきだ」「断るなんてあり得ない」と言ったとすれば、相手は「なんで押し付けられなければいけないんだ」「非難されるいわれはない」とへそを曲げる可能性もあります。

このように「普通」の違いが日常のあらゆる場面に散らばっていて、しかも100人いれば100通りあるのですから、コミュニケーションのずれが起こっても何の不思議もありません。

「仕事のできない部下」は本人のせいではない

自分と相手の普通が違うのだという観点でコミュニケーションを考えると、職場でしばしば聞かれる「仕事を覚える意欲が足りない」といった部下に対する上司の不満は別のとらえ方もあるということが見えてきます。

4月になって新人AさんとBさんが入社してきました。二人ともインターンなどは経験しておらず、まったくの未経験です。入社3年目の社員Cさんが、上司からAさんとBさんの教育係をするようにと頼まれました。

先輩社員Cさんは自分が仕事を覚えたやり方を新人たちに伝えます。取引先とのアポイントの取り方をざっとひととおり口で説明して、「だいたいこんな感じでやってみて」と二人に仕事を振りました。

新人Aさんは「分かりました。とりあえず1回やってみます」と言って電話に向かいましたが、もう1人の新人Bさんは不安そうにしています。先輩社員Cさんがどうしたのか新人Bさんに聞くと、「電話に出たのが担当者と違う人だったら、どう言えばいいですか?」と尋ねてきます。「担当者の部署と名前を言って、取り次いでもらえばいいよ」と答えると、「もし不在だったらどうしましょう」と言います。先輩社員Cさんは「それなら、のちほど改めて電話しますとか、お戻りになったら折り返しのお電話をくださいとか伝言してもらえばいい」と答えるものの、心の中で「こんな細かい説明が必要?」と思っています。

それでもためらっているBさんを見て、先輩社員Cさんはこう思いました。「この子、仕事ができないんだな」そして「失敗したらやり直せばいいだけなのに度胸がない」と感じ、「新人Bさんは育てるのが大変そう」という第一印象を抱きました。

先輩社員Cさんにとって簡単な説明でサッと動いたAさんは仕事の飲み込みが早く

て「できる新人」、そうでない新人Bさんは能力が低くて「手のかかる新人」——そんなふうに初日にして評価が分かれてしまったのです。

では、本当に新人Bさんは仕事のできない人なのかというと、実はそうではありません。先輩社員Cさんの「普通」とは異なる「普通」であっただけで、新人Bさんは仕事のやり方を手順に沿って説明してもらえば安心してできるのです。その証拠に「こういう場面ではどうすればいいか」と尋ねています。新人Bさんは、ひととおりの仕事の流れを頭の中でシミュレーションし、不測の事態が起きる可能性を低くしてから行動したいと思っているだけです。トラブルも想定していることから、ミスも起こりにくいだろうと評価することもできます。

それに対して新人Aさんの行動は早いですが、不測の事態が起きたときに正しく対処できるかは未知数です。もしかしたらスピードが速い分、雑な仕事になってしまう可能性もあります。

成果を見ていないこの段階では、新人Aさんと新人Bさんのどちらがより優秀な社員かは分からないはずです。ところが、上司の「普通」と似た「普通」の人を高く評価し、異なる「普通」の人を低く評価してしまうことが、さまざまな組織で見受けられます。そのため、新人Bさんと「普通」が似ているほかの人が上司になると、新人Bさんが高く評価され、新人Aさんの評価が低くなることもあります。これらは、誰しも良かれと思って行動しているのですが、相手にとってはそうではなく、結果的に心理的安全性を低くする原因となってしまいます。

上司の伝え方が悪いと、能力のある部下も力を発揮できない

実は先輩社員Cさんは物事を細かく説明するより、要点だけを説明するのが「普通」だと思っている人です。逆に事細かく説明するのはくどいと感じ、自身もそうされるのを好みません。だから、新人二人にも「あまり細かいことは言わないで、自由にやらせてあげよう」「困ったら助けてあげればいい」と思っています。

すぐに動いた新人Aさんは、先輩社員Cさんと「普通」が似ている人だったので、ざっくりした説明でも違和感をもたずに受け止め、すぐに行動したに過ぎません。

それに対して新人Bさんは詳しい説明をしてくれるのが「普通」だと思っている人

だったので、先輩社員Cさんの説明では欲しい情報が足りな過ぎて動きたくても動くべきではないと考えただけなのです。このようにそれぞれの「普通」の違いがあるだけなので、決して新人Bさんの能力が低いとはいえないのです。

このように見ていくと、先輩社員Cさんの新人Bさんに対する教え方に足りない点があったということが分かってきます。もし先輩社員Cさんが新人Bさんの「普通」を理解して、手順に沿って説明をしてあげていたら、新人Bさんだって最初から「できる新人」になった可能性が高いのです。

コミュニケーションのずれをなくすためには、まず伝える側が相手に伝わる（相手の好む）伝え方をすることが大事です。それと同時に、受け取る側も話し手の好むコミュニケーションスタイルを知ることが大事です。

お互いが相手の好むコミュニケーションスタイルを分かっていれば、次のような歩み寄りができます。

先輩社員Cさんは自分の伝え方が大まかになりがちな点を自覚して、新人Bさんが相手のときは詳細なプロセスを説明するように配慮することができます。一方の新人

Bさんは「先輩社員Cさんは意地悪で教えてくれないのではない。むしろ、良かれと思って言ってくれているんだ」と思うことで先輩社員Cさんに対して抵抗感なく質問できるようになります。

こういう関係性を作ることができれば、人間関係のいざこざやストレスは大幅に減らすことができます。日々のやり取りを通して「相手は自分を分かってくれている」「分かろうとしてくれている」と実感できることで、安心して本音が言えるようになっていくのです。相手の「普通」に配慮したコミュニケーションを取ることで、心理的安全性を高めることができるのです。逆に言えば、こうした相手との「普通」の違いを知らず、自分がやってもらって嬉しいことを相手にしてあげようと「良かれ」と思って発言したこと、行動したことが、相手にとっては「良かれ」と思えず、心理的安全性を壊してしまうことにつながりかねません。

自分の普通と相手の普通の違いを知ることが心理的安全性を高める第一歩

本音が言える関係性を作るためには、コミュニケーションのずれをなくすことが大切ですが、そのためのスタートとなるのが相手と自分の違いを知ることです。自分がこれまで普通だと思ってきたことが、相手にとっては違うかもしれないと立ち止まって考えるようになれば、相手に合わせたコミュニケーションを意識することができます。

心理的安全性や従業員エンゲージメントの勉強を進んでしてきた意識の高い人たちは、日頃からコミュニケーションに敏感で、コンプライアンスにも十分気をつけている人が大半です。さまざまなセミナーやテキストでコミュニケーション術を学び、実践もしてきたという自負から「自分はコミュニケーションが得意だ」「社員とのコミュニケーションはできている」と思っている人が多いように見受けられます。しかし残念なことに必ずしもコミュニケーションが確実に取れているとは言えないことも多いのが現実です。

例えば複数のメンバーがいるのに、話がしやすいメンバーに無意識に相談したり仕事を頼んだりしていることがあります。すると、ほかのメンバーはあいつばかり贔屓《ひいき》しているとか、自分は頼りにされていないと疎外感や不公平感を抱きやすくなります。当人に贔屓するつもりは毛頭なくても、コミュニケーションが偏ることでチーム内に不協和音が生じて、まだ表面化していないだけだという可能性もあります。

あるいは「自分はフランクに社員と話し、相手も心を開いてくれている」と思っていても、本当は相手が表面的に合わせてくれているだけで、本心は違うこともあります。もっといえば面従腹背で、心の内では反発心を抱いている可能性もないとは言えません。

人は誰でも自分以外のことはなかなか理解できないものです。相手の気持ちを考えるといっても、「自分だったらこう感じる。だから相手もそうだろう」と考えてしまうのが自然なのです。

これはキャッチボールの例で言えば、自分が投げやすいボールを投げているのと一緒です。相手が取りやすいボールとは違うのに、「これでいい」と信じて一生懸命ボールを投げ続けている状態です。そして相手が受け損ねると、「なんで取れないんだ」とストレスを感じたり、「下手くそだな」と相手を責めたりしてしまいます。

自分だったらというように、自分を基準にして考えること自体がそもそもコミュニケーションの齟齬《そご》を起こす原因なのですが、そう言われると今まで自分がしてきたコミュニケーションを否定されるような気持ちがして受け入れ難い人もいると思います。しかし、今までの概念を思い切って捨ててみると、まったく新しい画期的なコミュニケーションの扉を開くことができます。

私は企業や個人向けにセミナーを開催していますが、参加した人たちからは「今までのコミュニケーションの取り方は間違っていた」「相手に不信感を抱いていたのは、普通の違いを知らなかったからなんですね」とか「もっと早く知りたかった」などの声が寄せられています。中には「みんながこのコミュニケーション方法を身につければ、世界中からいじめや戦争がなくなる」とおっしゃる方もいます。

「相手と自分の普通がどう違うのか」を知らないと、自分の意図を正しく相手に伝えることが極めて難しく、相互に疑心暗鬼になり、心理的安全性を脅かすことになりかねません。

「相手と自分の普通がどう違うのか」を知った人は明日からコミュニケーションの仕方が変わります。この一点を受け入れて一歩踏み出してみるだけで、相手の見ている世界がイメージでき、その世界に合わせたコミュニケーションができるようになるのです。

その結果、心理的安全性を作ろうと情報収集に時間を費やし必死になって勉強しなくても、チーム内のコミュニケーションが最適化され、メンバー個々に合わせたマネジメントが可能となるのです。

第3章

自分と相手の“普通の違い”を知る

コミュニケーションを科学する「エマジェネティックス」

人それぞれ普通は違う

自分と相手の普通がどう違うかについて、いくつか分かりやすいシチュエーションを挙げながら具体的に解説していきます。いずれも私の職場で実際にあった話で、メンバー間の普通の違いがよく分かります。

最初に断っておきたいのは、誰かの普通がいちばん正しいというわけではないということです。人それぞれに重視する考え方や好みの行動様式がありますが、それこそがその人らしさであり、みんな等しく正しいのです。人はそれぞれ得意と不得意、長所と短所があります。また長所と短所は表裏一体で、短所に見えていたことが時と場合によっては長所になることがあります。そうしたさまざまな凸凹が集まるからこそ、パズルのピースがはまるようにして関係が成り立っていくのです。

自分と他者はこんなにも違う

事例1 カラオケで歌いたい人、聴いていたい人

あるとき、会社のメンバーみんなでカラオケボックスに行きました。カラオケというのはその人の個性が如実に表れます。人前で歌うのが好きで率先してマイクを握る人、参加者みんなで一つの歌を合唱するのが好きな人、タンバリンを叩いて盛り上げる人、隅っこで静かに座って聴いている人、気を利かせてドリンクなどの注文をしてくれる人など、みんないろいろな過ごし方をしています。

私の会社のメンバーに普段から声が大きく活発なAさんという人がいて、そのときもガンガン歌って場を盛り上げていました。ふと見ると部屋の隅で手拍子をしながら静かに座っているBさんがいます。活発なAさんには物静かなBさんが退屈そうに見えたのか、本当は歌いたいのに遠慮しているのだろうと思い、「あれっ？　どうしたのBさん？　盛り上がろうよ。さあ、前へ出てきて歌おうぜ！」と言ってBさんの腕を引っ張り、無理やりステー

ジへ連れていってしまいました。

いきなりステージに立たされ、マイクを渡されたBさんは困惑顔です。Bさんは目立つことが苦手で、自分が歌うよりもみんなの歌を聴いているほうが本当に好きなのです。そのときも決して退屈しているわけではなく、みんなと一緒にいるだけでとても楽しいと感じていました。

そんなBさんにとってステージに引き出されることは、とても大きなストレスです。マイクを渡されても注目されている中で歌うなんて無理だと感じ、フリーズしてしまいかねません。戸惑うBさんをよそにAさんは「良いことをしたな」と思っています。満足顔のAさんを見れば、Bさんも面と向かっては「迷惑だ」とも言えません。心の中でひっそりと、Aさんのことを「強引な人」「人の気持ちが分からないデリカシーに欠ける人」と判断し、苦手意識を持ってしまいます。

相手と仲良くしたくて取った行動が、かえって嫌われる原因になってしまったという分かりやすい事例です。このすれ違いはAさんとBさんとの間の「カラオケに対する認識の違い」から起こっています。大勢とワイワイやり取りするのが「普通」だと思っているA

さんにとってはカラオケに来たら歌うのが当たり前で、注目を浴びて歌うのが楽しいからこそBさんにも勧めたのですが、できるだけ目立つことなく、みんなと一緒に行動したいと思っているのが「普通」だと思っているBさんにとって、カラオケはその場の雰囲気を楽しむものであり自分が歌うことは遠慮したいのです。

ちなみに、Bさんと普通が似ている人は感情を表には出さないことが多いので、Aさんはいつまでも気づきません。それでほかの場面でも「発言しないの?」「思っていることがあるなら言ったほうがいいよ」など同じようなことをBさんに言ってしまい、ますます嫌われるということがあり得ます。もしBさんの不満が限界に達したら、ある日突然大爆発してしまう可能性もあります。普段物静かなBさんが大爆発したとき、周囲の人は何が起きたのか分からず、Bさんが何に怒っているのか把握できず、Aさんはただ唖然としているかもしれません。

この事例をセミナーで話すと、参加者の中に「同じような経験がある!」とおっしゃる方が必ず何人かいらっしゃいます。そして自分はAさんと同じことをしていたと自覚した人が「悪いことをしたな」と下を向いて心理的安全性を壊していたことについて反省する光景を何度も見てきました。

事例2 「失敗は糧」と考える人、「失敗したくない」と考える人

上司のCさんから「このプロジェクトお願いね」と軽い感じで頼まれた部下のDさんは、この種のプロジェクトを手掛けるのはまったく初めてでしたが、責任者として任命されました。

部下Dさんにとっては未経験の仕事であり、しかも責任重大であることに不安を抱えながらも、仕事だからやらなければと思って一生懸命に取り組みました。しかし健闘むなしく、プロジェクトはうまく進まず中止になってしまいました。

落ち込んでいる部下Dさんを見た上司Cさんは、励ますつもりで明るくこんなふうに声を掛けました。「失敗すると思ってたんだよ。でも良い経験ができて良かったね！」

これを聞いた部下Dさんは固まってしまいました。心の中ではパニックが起こっています。「失敗すると思っていたってどういうこと？　上司は私を陥れようとしているの？　失敗して良いことなんて何もないでしょう！」　こうして部下Dさんの中で上司Cさんに対する不信感が頭をもたげることになってしまいました。

ところが、上司Cさんは部下Dさんがそんなふうに傷つき、自分に不信感を抱いているとは思っていません。なぜなら、上司Cさんは本気で「失敗こそ人を育てる」と思っているし、失敗させてくれる職場こそ最高の職場だと信じているからです。

この二人のすれ違いを掘り下げていくと、失敗に対するとらえ方の違いがあります。まず上司のCさんは未知のことや新しいことにチャレンジするのが好きで、規則やマニュアルなどに縛られることなく自由に仕事をするのが好きなのです。そして失敗は良いことで、どんどんしたほうが成長できると考えています。そのため部下Dさんにも自由にやらせて、失敗も経験させながら成長させてあげようと思っていました。むしろ部下の失敗を許せる自分は理想的な上司だとさえ思っています。

一方の部下Dさんは対照的で、失敗はしたくないと思っています。失敗して良かったなど思うことはあまりありません。ある程度時間が経過したのちに振り返り、あの失敗を経て今があると思うことはあっても、失敗したときに良かったと思うことはまれなのです。

部下Dさんは未経験のことをする際は、成功に近づける実績あるやり方を教わってから取り掛かりたいし、マニュアルやルールがあるならそれを守って確実にゴールにたどり着きたいと考えます。そのため、新しいチャレンジよりもやり慣れた仕事をするほうが安心できます。

このように見ていくと、部下Dさんに対して「失敗して良かったね！」はあり得ない言葉掛けだということが分かると思います。「失敗しないで済む方法を上司は知っていたのに教えてくれなかった。私はわざと失敗させられ、貶められた」という認識になってしまうかもしれません。上司Cさんのことが信じられなくなるだけでなく、上司の期待に応えられない自分に対して情けない気持ちになってしまう場合もあります。上司Cさんの声掛けは部下Dさんの心理的安全性を脅かす発言だったわけです。

さらに言うと、励ましたのに元気にならない部下Dさんを見て、上司Cさんは「何をクヨクヨしているの。上司の私が気にしていないと言っているんだから、君も気にするなよ」と言うかもしれません。これも部下Dさんを追いつめてしまう発言です。

もし上司Cさんと普通が似ている人だったならば、「そうですよね。失敗も糧ですもんね！」と流すところです。Cさんもそういう反応が部下Dさんから返ってくると思って声を掛けているのですが、部下Dさんからは異なる反応が返ってきてしまうので、「ネガティブな奴だなあ。あれでは成長しないな」と思う可能性があります。

失敗に対してネガティブに反応してしまう部下と、ポジティブに流す部下がいたら、上司Cさんの目には後者のほうが優秀に映るに違いありません。結果は二人とも失敗しているのに、なぜか片方だけの評価が高くなってしまいます。

その挙げ句、「あいつを見ろよ。失敗しても気持ちを切り替えて次に進んでいるだろ？Dさんもそうならなくちゃ」などと言われれば、部下Dさんは上司Cさんのこともその同僚のことも嫌いになり、強い劣等感を持つことにつながりかねません。

こういった場合、上司は最初に仕事を頼む段階で「正直失敗しそうだなと思うことがあるんだけど、今はあえて何も言わないよ。なぜなら君の成長を見たいから」とか、「私もやったことのないプロジェクトだからうまくいくかどうかが分からないんだよね。困ったことがあったら一緒に考えるから相談してね」と言っておくことで、部下Dさんも一からやり方を考えることもミッションのうちと理解し、失敗のリスクも予測の範囲に入れながら前向きにトライすることができ、不安を解消するために相談してくる回数も増えるでしょう。

失敗して落ち込んでいるときに掛ける言葉としては、「失敗する前にアドバイスしてあげられたらよかったけど、気づかなくてごめんね」や「私がやっても同じ失敗をしたと思うよ」

などが救いになります。

事例3　事務作業が得意な人、苦手な人

事務作業は書類整理やデータ処理など単純作業が多く、この単純作業が好きで得意だと感じている人と、嫌いで苦手だと感じている人がいるでしょう。

私は一つのジャンルにこだわらず興味のあることに挑戦したり、創意工夫したりするのが好きで、そういう種類の仕事をするときはワクワクします。経営者仲間と集まって、次世代のビジネス構想を話し合っているときなどは最高にワクワクします。

その一方で、同じような作業を繰り返すなど、一度やった仕事の確認作業のような業務はどうも苦手です。また、組み立て家具を買ってきて、説明書を見ながらそのとおりに部品を組み立てたりする作業もかなり面倒くさいと感じます。それで完成図だけ見て、説明書は読まずにこんな感じかな?と直感で組み立てようとしてしまうのです。単純なものならスムーズに組み立てられることもありますが、途中で「あれれ?　このネジはどこに使うんだ?」となることもよくあります。一言で言えば、冒険心が旺盛でルーティンワーク

が嫌いなのです。このような私の「普通」と似ている人が世の中に一定数いらっしゃいます。

創業して間もない時期に、私はいつも丁寧に事務作業をしてくれる経理担当のEさんを労うつもりで「いつもこんな面白くない仕事ばっかりさせてごめんね。会社がもう少し大きくなったら、もっと面白い仕事をさせてあげられるから、それまで頑張ってね。今の仕事で忙しいかもしれないけど、新しい提案をしてくれてもいいからね」と声を掛けていました。私としては、自分の嫌いな仕事をやってもらってありがとうという感謝の気持ちや、上司として面白いことを追求する機会を与えてあげたいという親心だったのです。

ところが、この言葉を聞いたEさんは少し悲しそうな顔をしたように見えました。あまり自分の思っていることを口に出さないのが「普通」であるEさんはその場では何も言いませんでしたが、心の内でこんなことを考えていたそうです。「私のやっている仕事はこの会社では価値がないんだ。私はだめな社員なんだ……」そう思って人知れず悩んでしまったのでした。

Eさんの「普通」は私とは対照的です。冒険より安定を求める気持ちが強いので、新しいことに挑戦させてあげる、自由にやらせてあげると言われてもワクワクしません。むしろストレスを感じてしまいます。その一方でルーティンワークに飽きることなく確実に取り組むことが好きで、高い精度で処理していきます。事務作業はEさんにとって「大好きな楽しい仕事」にほかなりませんでした。Eさんは自分の得意分野を活かして会社に貢献できることに、喜びとプライドをもっていたのです。

それなのに、私は自分の「普通」でEさんの仕事を「面白くない」と決めつけ、「もっと価値のあるほかの仕事をしたいよね？」と言ってしまいました。Eさんが傷ついたのはもっともで、私自身が心理的安全性を壊していたのです。

Eさんが一人で思い悩んでいたことはあとになって知りました。徐々にお互いの違いを理解できるようになり、何でも話せる関係が築けた頃にEさんが「実はあのとき……」と打ち明けてくれました。私の口癖である「一緒に未来を作っていこう！」も結構なプレッシャーだったそうです。「そんなに次々と新しいビジネスが思いつかない自分は、会社の戦力にはなれないだろうな」と感じていたようです。Eさんの特性をよく理解しないまま、そんなふうに思わせてしまった自分の発言を今さらながら反省しています。

事例4 理屈を大事にする人、感情を大事にする人

マーケティング戦略についての会議をしていたとき、社員のFさんとGさんで意見の相違が起きました。Fさんは数字やデータに基づいて話をする理論派で、Gさんは顧客の感情を大事にしたい感情論派です。

Fさんが今後の方針について「こうすべき」と意見を述べたとき、Gさんは「数字で割り切るFさんの考え方は正しいけど、冷たい。世の中は理屈だけじゃないですよ。○○さんの気持ちはどうするんですか」と言いました。

Fさんは正しいことを言って何が悪いのか分からず不満顔になり、「私の言っていることが正しいと認めているなら、そこに向かって何をしていくかが大事なんじゃないの?」と言い返します。Gさんは、正しいことでも悲しむ人がいることを気にしているのですが、Fさんにとってそれは感情論であり、Gさんの気持ちは理解できませんでした。

理屈と感情とは相反する場面が多くありますが、ビジネスをするうえで両者とも大事なはずです。ユーザーの感情を置き去りにしては満足度を追求できないし、数字やデータを

おろそかにしては効果的なマーケティングができません。どちらも重要なことですから、おそらくどこの会社でも見られるシーンではないかと思います。どちらも自分の普通を相手に押し付けてしまい、心理的安全性を壊してしまっているわけです。

もし職場がFさんのような感情を気にせず数字だけを求める人ばかりだったら、その職場は殺伐とするでしょう。逆にGさんのような数字や論理を気にせず感情ばかりを重視する人ばかりだったら、人の気持ちを大事にし過ぎてシビアな判断ができなくなり、損失を膨らませてしまうかもしれません。組織にはどちらも大切なことであり、どちらも尊重されなくてはならないのです。

事例5
旅先でいろいろ体験したい人、みんなで一緒に楽しめれば満足な人

先輩社員のHさんが、後輩たちを誘って南の島へ旅行に行きました。Hさんは現地ホテルのプールでプカプカしながら「お前たちの望みは何でも叶えてやるよ！　好きなことをリクエストしていいぞ！」と後輩たちに宣言しました。

そこで、後輩の一人Iさんが「○○博物館に行きたいです」とリクエストをしました。その博物館は世界的にも有名で、貴重な所蔵品がたくさんあります。

それに対して、Hさんは「ええ～っ、俺は前に行ったことあるけど面白くないよ。やめといたほうがいいよ」と言って煮え切らない表情を浮かべ、結局Iさんの案は却下になりました。

それならと、別の後輩Jさんが「○○のアクティビティをやってみたいです」と提案すると、Hさんは「ああ、それもやったことあるけどたいしたことなかったよ。期待外れでがっかりするからやめときな」と言います。

また別の後輩Kさんが「それなら○○料理を食べに行くのはどうですか？　自分は現地

の味を体験してみたいです」と言うと、Hさんがまた「この島の○○料理のレストラン、いまいちイケてないんだよな～」と言います。後輩たちは何を提案しても却下されてしまうので、眉間にしわを寄せて渋い顔をしていました。

その様子を見たHさんは「こんな南の島まで来て眉間にしわを寄せている奴、見たことないわ。もっと楽しもうぜ！」と言い放ちました。後輩たちは返す言葉を失って、ただプカプカと水に浮かんでいるばかりです。

コントのような話ですが、まぎれもない実話です。私が後輩の一人に「旅行どうだった？楽しかった？」と尋ねると、事の次第を話してくれ、「南の島で大の男が集まってプールって、何が楽しいんだろう？」と愚痴をこぼしていました。

後輩たちの気持ちとしては「せっかく南の島まで来たのだから、ここでしかできない体験をしたい」と思っています。「博物館で知的好奇心を満たしたい」などの思いもありました。プールで泳ぐのは別にこの島でなくても、日本でもできるというのが後輩たちの心情です。

それに対して先輩Hさんは「つまらないと分かっていることをして、後輩たちをがっかりさせたくない。みんなでこうして一緒にいるだけで楽しいじゃないか！　それにこの解放感は南の島ならではだ」と思っていたのです。良かれと思って発言したことが、相手にとってはそうではなく、心理的安全性を壊すことになってしまったわけです。

旅の楽しみ方はそれぞれなので、どちらが正しいということはないのですが、こういうとき「相手との違い」を分かっていると、「そうか、自分はこれで楽しいけど、後輩は物足りないんだな。もっと別の楽しみ方がしたいんだな」と気づくことができ、リクエストも取り入れることができて、全員で「いい旅だった」と言えたと思います。

脳神経科学から生まれたプロファイル

ここで挙げたエピソードは、すべて実話です。当初は問題であることにすら気づいていないこともありましたが、アメリカの脳科学者のゲイル・ブラウニング博士が解析した心理分析ツールとの出合いが状況を一変してくれました。このツールを使うことで、問題を早期に発見し、解決できるようになり、さらに問題の予防も可能になったのです。ブラウニング博士は、元は学校の先生でしたが、脳神経科学を基に人それぞれの脳の特性（プロファイル）を詳しく知ろうとして研究を行った人です。母も祖母も曽祖母も教育者という一家で育った彼女は、小学校の教員になり熱心に子どもたちの指導に当たりました。生徒一人ひとりに真剣に向き合う姿勢は高く評価され、なんと26歳で校長に抜擢《ばってき》されました。そんな彼女は生徒たちと関わるうちに、一つの疑問を抱くようになります。

「なぜ頭が良いのにテストの点数が低い子がいるのだろう」

普段の生活を見ていると利発で頭の回転も良いのに、なぜかテストになると点数が取れない。授業もすぐに飽きがちで、好きな科目は熱心だが興味のない科目は勉強しない。知能的には問題がなく、むしろ高いはずなのに、勉強することができない子が必ずクラスに一人二人はいることが、彼女は気にかかっていました。

こういう子たちをどう指導していけばいいのだろうか、彼らの能力をどうすれば引き出してあげられるだろうかというのが、ブラウニング博士の疑問でした。

この問題を解決するために、ブラウニング博士は脳の研究に注目し自ら学び始めます。そして、脳にはそれぞれ特徴があり、例えば文字が主体の情報を受け入れやすい子と、ビジュアルで説明すると理解がスムーズな子がいるのもそこに原因があるという結論にたどり着きます。ブラウニング博士は、それぞれの脳の特徴に合わせた学習法を用いれば、それぞれの能力を活かすことができると考えました。

脳の特徴による違いは、学習法だけでなく考え方やコミュニケーションの傾向にも関係していることが分かってきました。ブラウニング博士は「その人の脳の特徴が分かれば、その人に合った学習法やコミュニケーション法が客観的に分かるのでは」と考え、そのための分析ツールの開発に挑んだのです。

そうして誕生したのが、本書で紹介する心理分析ツールの「エマジェネティックス」です（以下、ＥＧと表記）。

互いの違いを知るツール「エマジェネティックス」

「エマジェネティックス」とは、「emerge」（明らかになる、現れる）と、「genetics」（遺伝子）という言葉を組み合わせた造語です。さまざまな経験を基に表出（エマージュ）した性質と、生まれもった遺伝的性質（ジェネティックス）が組み合わさった結果である、という意味です。

診断テストでは、思考と行動の特性を導き出す手掛かりとして１００の質問に答えます。例えば「知的なパズルや謎解きなどには夢中になる」や「人との意見の衝突もいとわない」などのシンプルな問いにどの程度当てはまるか、７段階でチェックを入れていくだけなので、早い人なら10分もあれば終わってしまいます。回答をデータベースで分析することによって、その人の特性がグラフで「見える化」されます。

左のページにあるのがプロファイルシートの見本です。簡単に説明すると、上の円

図2　EMERGENETICS PROFILE例

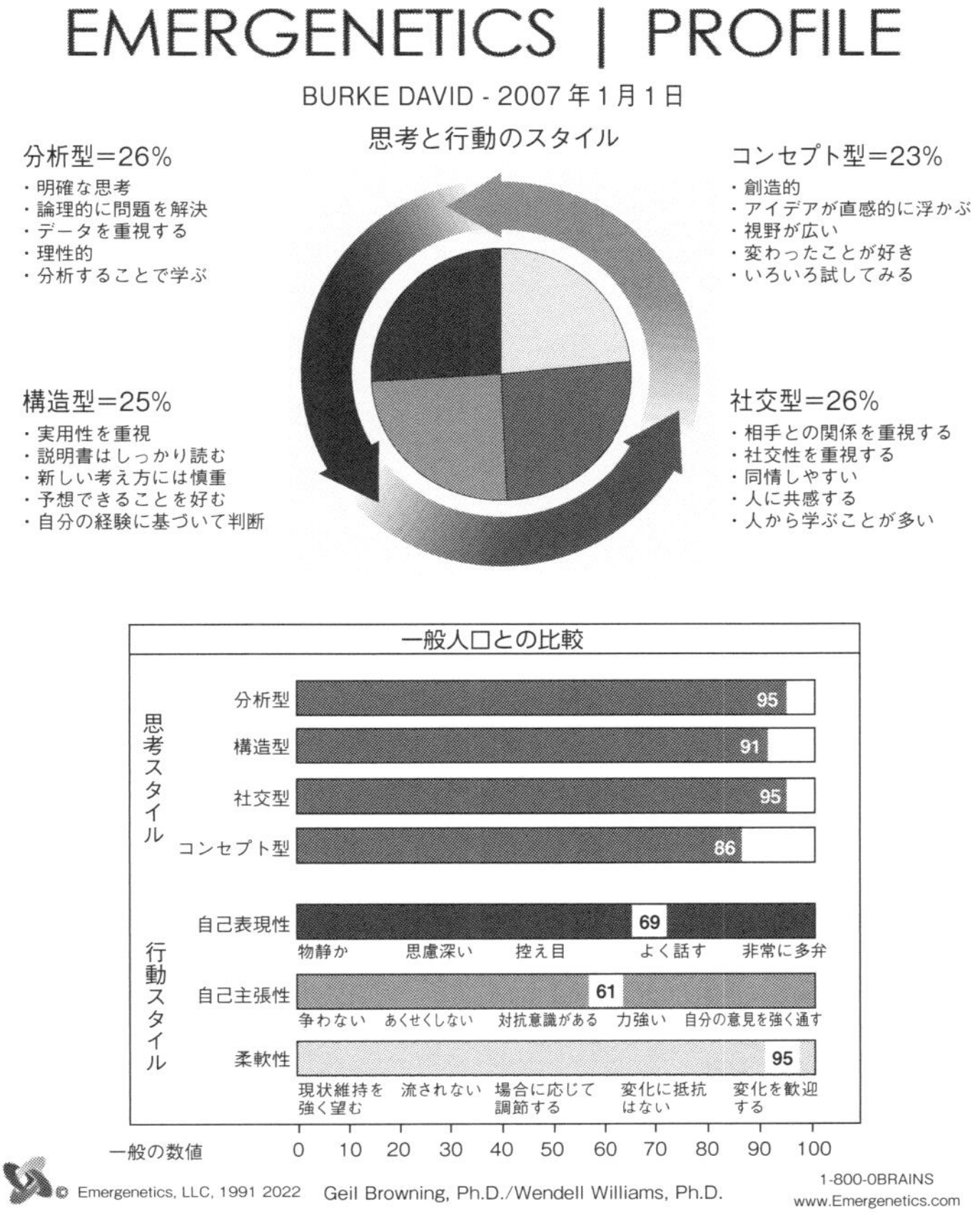
EMERGENETICS | PROFILE
BURKE DAVID - 2007年1月1日
思考と行動のスタイル
分析型＝26%
・明確な思考
・論理的に問題を解決
・データを重視する
・理性的
・分析することで学ぶ
コンセプト型＝23%
・創造的
・アイデアが直感的に浮かぶ
・視野が広い
・変わったことが好き
・いろいろ試してみる
構造型＝25%
・実用性を重視
・説明書はしっかり読む
・新しい考え方には慎重
・予想できることを好む
・自分の経験に基づいて判断
社交型＝26%
・相手との関係を重視する
・社交性を重視する
・同情しやすい
・人に共感する
・人から学ぶことが多い
一般人口との比較
思考スタイル
分析型 95
構造型 91
社交型 95
コンセプト型 86
行動スタイル
自己表現性 69
物静か　思慮深い　控え目　よく話す　非常に多弁
自己主張性 61
争わない　あくせくしない　対抗意識がある　力強い　自分の意見を強く通す
柔軟性 95
現状維持を強く望む　流されない　場合に応じて調節する　変化に抵抗はない　変化を歓迎する
一般の数値 0 10 20 30 40 50 60 70 80 90 100
© Emergenetics, LLC, 1991 2022　Geil Browning, Ph.D./Wendell Williams, Ph.D.
1-800-0BRAINS
www.Emergenetics.com

Emergenetics, LLC. より提供

グラフと2種の棒グラフで、思考スタイルと行動スタイルが記載されています。棒グラフはパーセンタイルという単位で表現されており、世界中のほかの人と比べて、自分がどの位置にいるかを示しています。行動スタイル（特性）は、「他人からどのように見えるか」を表しています。いちばん上に記載されている円グラフはその人の思考の特性を表しています。思考スタイル（特性）は「何を重視するか」を表しています。

実際の診断ではもっと詳細な解説が行われ、診断結果を読んだ人からは「まさに私のことが書いてある！」「丸裸にされた気分」という声が聞かれます。「たった100問に答えただけで、どうしてこんなに私のことが分かるのか不思議」と首をかしげる人も少なくありません。

思考と行動の両面から「強み」を明らかにするためのツール

ＥＧは、「その人の思考と行動の特性を診断することによって、強みを明らかにする」ための一つの指標です。弱みを克服するのではなく、強みを伸ばしていくことで、弱みが問題にならないくらい、仕事でもプライベートでも大きな成果を上げることができます。

従来の教育論では「苦手は克服すべきもの」ととらえ、努力とトレーニングによって矯正しなければならないとされてきました。「だめな社員を変えよう」「新しい自分になろう」としてきましたが、人間の本質はそんなに簡単に変わるものではありません。何十年も生きてきて、脳のシナプスが形成されてきたのですから、今から上書きするのは大変なことなのです。

ロールプレイングゲームで例えるなら、強みは武器です。キャラクターごとに剣や弓やハンマーや魔法の杖などを持っていて、それを駆使して敵をやっつけていきます。魔法使いに無理やりハンマーを持たせても使いこなせないように、その人の強みを変えようとすることには無理があるのです。それよりも魔法使いは杖をとことん使いこなして、魔術のエキスパートになっていったほうが戦力としてパーティーに貢献できます。そうやって全キャラクターが得意なところを伸ばしていくと、パーティーが早く成長し、強い敵もガンガン倒せるようになっていきます。

その人が本来もっている特性を有効活用することのほうが、はるかに簡単で建設的なのです。

心理的安全性を高めるために不可欠な「個別の接し方」が可能になる

心理的安全性を作るには「個々に合わせたコミュニケーション」が不可欠だと言いましたが、ＥＧプロファイルを知ることによって、これが可能になります。相手の好むコミュニケーションスタイルや、相手がストレスを感じにくいコミュニケーションスタイルを選択することができるからです。

例えば部下に注意をするとき、長々と話されるのが好きではない人だと分かっていれば、手短に要点だけ伝えるようにします。そうすれば、相手の反感を招くことなく、素直に聞き入れてもらいやすくなります。

部下が詳細を重視し、具体的に何がどう良くなかったのか、どうすれば良かったのかを詳しく知りたい人なら、時間をかけて説明をしてあげれば納得が得られます。

Googleでは、「意欲があるかどうか見極めて、その度合いに合わせて接し方を変えよ」と言っていましたが、これも意欲を表に出してくる人か内に秘める人かがプロファイルシートで分かるので、主観に頼った判断をしなくて済みます。

いつもは感情が表に出てくる人が、周囲から見て元気がないように見えたら、モチベーションが下がっているのではないか、何か意欲が削がれるようなことがあったのではないかと早めに気づいてケアすることもできます。逆に、いつもは内に秘める傾向の人が感情をあらわにしてぶつけてきたら、何かよっぽど思うところがあったのではないかと思い、フォローの声掛けを行うことができるのです。

この部下のプロファイルから考えると、このように考えている可能性が高い。ところがそれを口に出すことは少ないことも分かる。だから、マンツーマンで静かな環境で、この部下とプロファイルの似ている人に「こんなふうに考えてない？」と質問してもらうと、本音を聞き出せる。こんなふうに、部下の本音を聞き出すのに役立てることも可能です。

プロファイルシートを見せ合うことで初対面でも仲良くなれる

プロファイルシートがあると、パッと見ただけで相手の特性が分かります。

初対面でもプロファイルシートを見せ合えば、お互いの特性が確認できてコミュニケーションのすれ違いを予防することができます。手探りや思い込みによるコミュニケーションは遠回りや失敗をしがちでしたが、ＥＧがあればそうした時間の無駄も減らせます。

私が主催するＥＧの入門セミナーではＥＧの基礎を学んだのち、参加者と当日の講師・スタッフみんなでの懇親会を開きます。研修と懇親会をセットにしているのは、研修で学んだ感想をざっくばらんに話し合うことで振り返りをしてもらい、研修の学びを深めていただきたいからです。参加者同士だけでなくスタッフにも気軽に質問できる環境を提供して、学びを深めてもらいたいという願いもあります。懇親会参加者の多くが、初対面であるにもかかわらずたった5時間一緒に過ごしただけなのに、あっという間に仲良くなれることに気づき、驚かれます。

参加者の皆さんが、自己紹介で互いのプロファイルを明かすことで、最初から話がスムーズに進みます。例えば、似たプロファイル同士は「分かる！　こうだよね」と盛り上がったり、「やっぱり似たプロファイルだと同じように感じるんだね」と意気投合したりします。あまり似ていないプロファイル同士も「なるほど！　あなたのプロファイルではそういう考え方をするんだね」と興味深く受け入れ、「私はこういうふうに考える。これってプロファイルの違いだね！」と相違を確かめ合うシーンがよく見られます。

懇親会は1時間30分ですが、その日初めて知り合った同士だとは思えないくらい一体感を共有し、参加者のほとんどが「とても楽しかった」「参加してよかった」「いい人たちと出会えて嬉しい」と言って帰られます。EGを介することでたった数時間でも心理的安全性のベースを築くことができる証拠です。

この5時間のセミナーで起きていることは、会社の中の日常にも応用できます。

例えば人事異動があった際、新しく部署に来た人と以前からその部署で働いている人たちは、お互いに相手がどういった人なのかが分かりません。この人はどんな人だろうかと考えながら、手探りで人間関係を構築していかなくてはなりませんが、それには時間がかかります。

しかし、プロファイルシートがあるとお互いの特性が目に見えて分かります。自分が所属する部署にはどのような人がいるのか、どういった人が部署にやってくるのかが分かり、人間関係を短期間で構築することができるのです。

私たちが開催している「管理職向け現場活用トレーニングセミナー」では、6~7人のグループを一つの部署に見立て、その部署の上司が人事異動で代わることを想定したワークショップを行っています。異動してくる前に、グループ内で新しい上司のプロファイルを分析し、この新しい上司はこんな人だろうと予測をしておきます。また、新たにやってくる上司は、新たな部下たちのプロファイルシートを読み込み、どんなふうに接するべきか、どんなふうに話すべきかなどを考えてもらいます。その後、初顔合わせをしたという設定で、新しい上司が部下のことをどのように分析したのかを発表し、部下からも上司はたぶんこんな人だと思いますと分析結果を発表してもらいます。すると、参加者の誰もが「これだけ相互に理解し合えているチームなら、仕事をしやすい。安心して仕事ができそうです。人間関係がすぐに出来上がった」とおっしゃいます。このワークショップに要する時間は40分程度ですが、たったそれだけの時間で人間関係を構築でき、心理的安全性を高めていくことにつなげられるのです。

EGを意識したコミュニケーションを「日常」にすることが大事

私の会社では、各自のプロファイルを名刺サイズに印刷して、ネックストラップで常時ぶら下げています。あえてストラップでぶら下げることによって、いつでも目につくようにしているのです。

私のプロファイルは自分を表現しようとすることが多く、意見を聞いてもらおうと行動する傾向があります。忙しくて余裕がないときなど、つい自分のやりやすいコミュニケーションになってしまいがちですが、相手のプロファイルシートが目につけば「ああ、そうだった。この話し方では彼には伝わりづらいんだった」と立ち止まってコミュニケーションを軌道修正することができます。

あるいは会議で黙って聞いている人がいた場合も、「表に出さないだけで心では思っているることがありそう」と思い出せます。みんなの前では言いにくいことが理解できるので、会議が終わったあとに呼んで「何か考えていることがあるんでしょう？　聞かせてほしいな」と意見を吸い上げることができます。「紙に書いて提出してほしい」と言うと、びっしり書き込んでくることも少なくありません。表に出さないだけで何も意見がないわけでも、ほかの人に任せておけばいいやと思っているわけでもないのです。逆に文字で書けと言われると絶対に嫌だと思うプロファイルもあります。そういった人とは実際に口で話すコミュニケーションをするほうがよいとプロファイルシートを見て判断します。

大勢での会議はどうしても声の大きい人の意見に引っ張られがちですが、実は表に出てこない意見というのが大事なこともあります。小さな声の中にもユニークなアイデアや貴重な意見が隠れていることが少なくありません。大きな声も小さな声も大事にすることで、偏りのないベストな「正解」を導き出すことができます。

このように、日々のあらゆるコミュニケーションにEGを浸透させると組織が大きく変わります。健全なコミュニケーションが企業文化として根づいていくと、自然と心理的安全性の高い集団が出来上がっていくのです。

管理職だけが学ぶより職場の全員で学ぶのが効果最大化のポイント

コミュニケーションはキャッチボールと言いましたが、ボールを投げる人だけが上手でも受ける人が下手だと「受け取り損ね」が発生してしまいます。両者がコントロールを身につけることでボールのやり取りがスムーズになり、時に速い球を投げたり変化球を投げたりしながら楽しく続けられます。

コミュニケーションでも「受け取り損ね」をなくすために、職場のスタッフ全員でEGを学ぶことを私は勧めています。相手の言葉の受け取り方が上手になると、人間関係でストレスを感じたり傷ついたりすることが減ります。社員のメンタルヘルスを健全に保つうえでも大きな意味をもつのです。

EGを企業文化として根づかせるためには、管理職だけではなく全社員で取り組むことを推奨しています。できれば派遣社員や臨時職員、アルバイトなどにもEG研修を受けさせ、実践してもらうのが効果を最大化するポイントです。

たとえ欲しい言葉とは違っても「思いやり」は伝わる

私は2007年から本格的にEGを始め、それ以来、職場のみんなでEGに取り組んでいます。勤続年数の長い社員はかなりEGを使いこなしていますが、それでも時々コミュニケーションのコントロールを誤ることがあります。

相手のプロファイルを念頭において言葉選びをするとき、自分と大きく異なるプロファイルの相手には「この言葉が届くはず」と思って投げます。ところが、自分にとって理解が難しいプロファイルについては、微妙に相手の好む言葉ではないこともあるのです。

受け手がEGを知らないとカチンと来そうなシチュエーションでも、EGを知っていると和やかに進んでいきます。うちの社員はどう受け止めるかというと、「私が欲しい言葉とはちょっと違うけど、私に合うと思って選んでくれた言葉なんだな」ととらえます。そして「私のことを考えてくれてありがとう」と思います。EGを分かっていると、自分に合わない言葉でも許せるし、むしろ嬉しく受け止めることができるのです。

言葉そのものが相手に合っているかどうかも重要ですが、本当に大事なのは「思いやりが伝わる」ことで、EGはこの「思いやり」が伝わりやすくなるツールでもあるのです。

一度体験すると、なくてはならない「バックミラー」

事例の中で、事務作業が好きな社員を労うつもりで私が「面白くない仕事をさせてごめんね」と言ってしまい、自分の仕事には価値がないのだと感じた社員に悲しい顔をさせてしまった話をしましたが、あのとき「事務作業が得意なんだね。丁寧な仕事でいつも助かっているよ」と私が言っていれば、その社員は笑顔になり、もっと仕事で張り切れたに違いありません。言葉一つで相手に悲しい顔をさせることもできるし、笑顔にさせることもできる、それくらい言葉には大きなパワーがあるのです。

ＥＧは誰でも簡単に使うことができ、人材の強みの発見やコミュニケーションの活性化・円滑化の効果が高く、即効性があるといったメリットがあります。相手に掛ける一言が変わるだけで、相手の反応も即座に変わります。

こうしたメリットを直接体験した人たちは「もうＥＧなしではやっていけない」と言います。私はこれをバックミラー理論と呼んでいます。

免許取り立ての頃、バックミラーを見る余裕がないという人は珍しくありません。ところが、ベテランドライバーになると、バックミラーのついていない車を運転するなんて恐ろしくて嫌だと言うようになります。それと同じように、ＥＧも導入当初は上手に使えないかもしれませんが、使い始めると職場になくてはならないツールになるということです。

地域差や国民性による特性の偏りはない

よく日本人と外国人を比較して「日本人は時間に正確」「きれい好き」などと言われます。また、同じ日本人同士でも「大阪人は笑いのセンスがある」「東京の人はドライ」のように言われます。国民性や地域差を言い表したものですが、これはＥＧの特性とは関係ありません。

日本人の中にも時間に厳しい人もいれば、ルーズな人もいますし、外国人でも約束の時間をきっちり守る人はたくさんいます。「そうは言っても日本の電車の運行時間は世界一正確だ。外国に行くと電車が遅れてくるのは当たり前。遅れてきても謝罪のアナウンスもないよ」と聞くこともあります。

確かに海外では日本ほど交通機関の時間に厳格ではない国が多いですが、それは脳の特性ではなく、文化や習慣の違いからくるものです。日本人が時間にうるさいのは、長い歴史の中でそういう文化が作られてきたからに過ぎません。外国の人が時間におおらかなのは、多少の時間のずれは気にしない、相手の遅刻も許し合える文化を培ってきたからだと思います。つまり、日本人の脳が「正確な時計」を備えていて、外国人の脳が「いい加減な時計」を備えているわけではないのです。

文化が異なると考え方や行動も違うように感じるかもしれませんが、世界中の１００万人以上の人にＥＧ診断テストをした結果から、「特定の国・地域に、特定の特性をもった人の割合が高い」といった傾向は見られません。つまり、人間の思考や行動の特性に国や地域による差や偏りはないということです。

昨今、世界はグローバル化で国と国との境目がなくなり、人の交流が盛んになっています。企業では労働力不足から外国人材の雇用も増えてきて、一つのコミュニティーに国も文化も習慣も異なるさまざまな人たちが属する「多様化」の時代になりました。価値観の違う人たちとどう接し、関係を築いていくかが課題となっていますが、この課題に対してもＥＧが答えになります。

国や文化が違ってもＥＧで相手のプロファイルが分かれば、相手の好む接し方ができ、国境を越えた関係づくりができます。もはや国や文化の違いは「分かり合えない」ことの原因にはなりません。プロファイルを意識して言葉さえ伝われば、どんな国や文化の人ともうまくやっていくことができるというのがＥＧの強みです。

プロファイルは一生もの　22歳以降は基本的に変化しない

受講生からよく「プロファイルは変えられますか」「年齢によって変化しますか」

などと聞かれることがあるのですが、プロファイルは変化することもありますが、大半の人はあまり変わらないことが統計結果で明らかになっています。人間の脳は22歳頃にシナプス刈り込みが終わり、個性がほぼ固定化されるためです。

ごくまれに、人生を変えるほどの強烈な経験をしたり、思考や行動を変えないと生き抜けない状況に置かれたりした場合にプロファイルが上書きされる人がいます。しかし、努力で意図的に変えようとすることはかなり難しく、大半の方にとっては22歳以降のプロファイルは「一生もの」になります。

もし「自分は起業するから、経営者にふさわしいプロファイルに変えたい」という人がいたら、「それは必要ありません」と私は答えています。そもそも「経営者向きのプロファイル」とか「優れた経営者に特有のプロファイル」というもの自体が存在しません。歴史に名を残す偉大な経営者たちのプロファイルを調べたら、異なる特性のプロファイルがたくさん出てくるはずです。

理想のリーダー像としてよく挙がる戦国三英傑（信長・秀吉・家康）も、それぞれまったく異なる個性をもったリーダーだと言われています。おそらく、３人のＥＧプロファイルを取得できれば、３人とも異なるプロファイルであることを確認できるのではないかと思います。三者三様のリーダーシップの発揮の仕方というものがあり、どれがいちばんとは言えないように、経営者向きのプロファイルというものもありはしないのです。実際、アメリカの経営者やリーダーのプロファイルを分析したところ、成果を出すリーダーのプロファイルに類似点は認められず、千差万別であることが分かっています。

経営者のプロファイルがどんなものであっても、優れた経営者になる可能性が秘められています。大事なのは、プロファイルが示す自分の強みを活かせる方法やアプローチで能力を発揮することであり、プロファイルの違いからくる「普通」の違いを理解し協力してくれる人が周りにいるかどうかです。これを可能にするのがＥＧによる自己理解と、他者とのコミュニケーションです。

第4章

エマジェネティックス
プロファイルを活用すれば
心理的安全性が高まり、
マネジメントは格段にラクになる

プロファイルに合わせた関わり方で社員が育つ、組織が変わる

これまで人材育成やマネジメントに苦労してきた人も多いと思いますが、ＥＧのプロファイルを全社で共有し、個々に適した伝え方・接し方をすることでコミュニケーション不全が改善され、心理的安全性が高まります。その結果、人材と組織が強化され、離職率が下がったり、生産性が向上したりするのです。

ＥＧの活用シーンや具体的な効果を知ることで、どの会社にもある共通の悩みが、ＥＧによってどのように解決していくかのイメージがつかめると思います。自社に置き換えてみたときに「どんな変化が起こりそうか」「自社にも使えそうか」を考えながら行動すると、より理解が深まると思います。

スムーズな人材育成
今いる人材の本来もつパフォーマンスを引き出せる

生産年齢人口減少で人材の補充が難しい日本では、今いる社員をいかに有効活用するかが鍵です。私たちは誰しも多くの能力を秘めていますが、実際に使われているのは一部に過ぎません。未開発の能力を開花させることができれば、できることが増え、仕事の質や効率も上がっていきます。やる気のない社員をやる気にさせる、転職を考えている社員にもう一度自社を好きになってもらう、人間関係のトラブルを抱える社員をチームになじませる……など、その人がもつ100%の力を出せるようにするのです。個々の力が高まれば、チームの総合力は何倍にも上がっていきます。

では、人材育成の場面でEGを使うと具体的にどんな変化が表れるか、以下はある会社の事例です。

EGセミナーを終えたあと、受講していたある会社の副社長と話をしていたとき、「素直じゃない社員がいて指導に困っている。何か仕事を頼むと必ず口ごたえしてくるから面倒くさくて……」と相談されました。

私はこの話を聞いて、その社員の言動の真意にすぐ気がつきました。この社員は合理的思考を重視するプロファイルで無駄を嫌い、物事を明確にしたいと思う人です。こういう脳の使い方をする人はなぜそうするのか、どうしてそれが必要なのかなどの理由や目的を求める傾向があります。

例えば急に予定外の食事に誘われたとき、「なんで急に？」「どうして私を誘ってきたの？」という言葉が反射的に頭に浮かんできます。そこに誘ってくれた相手に対する否定的な気持ちはなく、純粋に「なぜ？」と思うのですが、なぜという言葉を耳にした異なる特性の人は「口ごたえ」と感じてしまうことがあります。

私が「その社員は、この仕事をやる理由や目的を質問しているだけではないですか？　単純に自分に何が求められているのか、それを知りたいのでは？」と言うと、副社長はハッとして「確かにそうだ」と理解しました。

今まで社員に「どうして私がこの仕事をするんですか？」と聞かれるたびに、この副社長は「若手がやるって決まっている」「とにかく動いてくれればいいから」と答えていたそうです。しかし、この返答は社員にとって知りたいこと（理由や目的）ではないので、回答になっていません。「上司はまともに取り合ってくれない」「仕事を押し付けられた」と感じてしまいます。

セミナーの翌日、さっそく副社長はこの社員への接し方を変え、仕事を頼むときは理由や目的の説明とセットでするようにしました。すると、見違えるほどスムーズに仕事をするようになり、より効率的なやり方を自分で考え出すなどして積極的になったそうです。半年後には若手の中で仕事のできるナンバーワンとして評価されるまでになったということです。

私の会社が開催するセミナーで、私自身が講師をすることは以前より少なくなり、社員が講師を務めます。講師をする社員の中には人前で話すのが好きではなく、裏方の仕事は得意でテキパキやってくれる一方で、本人としては講師役を荷が重いと感じていることもあります。

私はその社員に「講師は嫌だなと思っているよね。気持ちは分かるけど、やってほしい。しっかり準備すればきっとできるよ。準備時間はたくさん使っていいからね」と言ってお願いしました。すると、社員は少し気が楽になったようで、「分かりました。練習して頑張ります」と引き受けてくれました。ほかの社員に受講生役をやってもらい、模擬セミナーを何度かやって流れを確認して初めての講師に臨んだところ、とてもうまくいきました。受講生の反応も良く、和気あいあいとしたセミナーで大成功でした。

社員の特性を理解したうえで、響く言葉や接し方をすれば内側に眠っているパワーを呼び起こすことができるのです。

「あの人は敵」「あいつは無能」……職場の誤解が解けて関係が良好になる

お互いを理解するということは、仕事のパフォーマンスを向上させるだけでなく、人間関係そのものを円滑にします。「あの人が嫌い」「あいつに腹が立つ」がなくなるので、職場全体が和やかなムードになります。

ある社長がこんな体験談を話してくれました。

「私はある社員のことをずっと無能だと思っていました。こちらが仕事の指示をしても伝わらないし、何をさせても求めている仕事をしてこない。簡単で誰でもできると思っている仕事もできない。彼に頼むとかえって私の仕事が増えるので、ついほかの社員に頼むことが多かったんです。でも、ＥＧ研修で自分の伝え方が悪かったと気づき、彼のプロファイルに合わせて接し方を工夫したところ、突然成果を出すようになってビックリしています。今では彼は私にとってなくてはならない存在です。無能だったのは彼ではなく、私だったんですね」

社長にとっては簡単な仕事で、説明なんかいらないだろうと思っても、社員にとってはそうでないことがたくさんあります。そのことに社長は気づいたのでした。社長が変わったことで、職場全体の空気も変わっていったのです。

また、別の社長は「私は社員たちから敵だと思われていた」と打ち明けます。彼は父親から会社を継いだ2代目で、先代と社員たちはとても仲が良かったのに、彼とは関係がずっとギクシャクしていました。社員は彼のことを「社長は難しいことばかり言うし、何段も飛ばして話を進めようとするのでついていけない」と思っていたようです。彼のほうも言われたことしかやらない社員たちにイライラし、もっと積極的に仕事をしてほしいと思っていました。自分には人望が足りないのか、リーダーシップがないのかと悩んだこともありましたが、EGを全社導入してからは職場の空気が一変したといいます。

社員は「社長は敵ではないし、悪い人でもなかった。プロファイルが自分とは違うだけだった」と気づき、社長への敵対心や苦手意識を払拭しました。社長も「社員はやる気がないのではなく、私の指示が分かりにくかったんだ」と気づき、社員との関係性を再構築できました。今、社長は相手が分かりやすいように丁寧な説明を心掛け、自分のペースでどんどん話すのではなく、社員たちの好むゆっくりとしたペースで話すようセーブしているそうです。「もしEGを受けていなければ、社員と決裂して会社を投げ出していたかもしれません」と言っていました。

こんなふうにお互いの誤解が解けることで人間関係が円満になり、職場が明るく活気に満ちた雰囲気になっていきます。

アドラー心理学で知られるアルフレッド・アドラーは「人の悩みはすべて対人関係である」と言っていますが、それは家庭でも学校でも職場でも同じです。ＥＧでコミュニケーションが円滑化することで、自分だけでなくほかのみんなも幸せになるのです。

メール文へのひと手間の工夫でテレワークが快適になる

今はテレワーク勤務も増えていますが、社員間の関係づくりや管理面での難しさを感じている会社が多いようです。オフィス空間構築、設備工事サービス大手のコクヨマーケティングでは、テレワーク以前と比べて難しさを感じる部下とのコミュニケーションシーンについてアンケートを取っていました。日常の行動観察（勤怠管理、健康状態の把握など）や雑談に困難を感じる上司が９割近くおり、会議で問題解決や検

図3　テレワーク以前と比べて難しさを感じるコミュニケーションシーン

Q: 対面コミュニケーションが減少した人

以前と比べて難しさを感じる部下とのコミュニケーションシーンを教えてください（複数回答可）

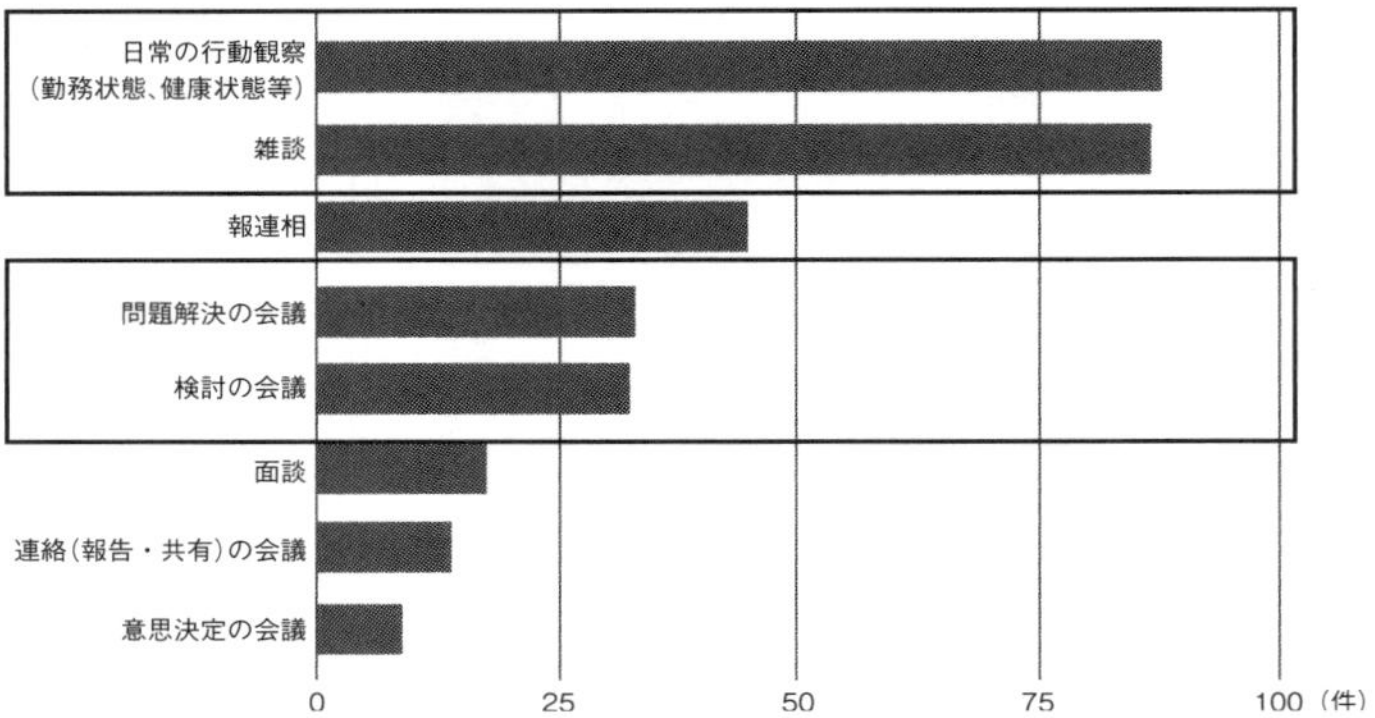

出典：コクヨマーケティング株式会社「テレワーク下の上司と部下のコミュニケーション課題」

討することが難しいと感じている上司も多いという結果が出たそうです。

具体的な声としては、「悩みや困りごとがあってもタイムリーに対応することが難しい。雑談の中で見えてくるリスクが拾えなくなり、トラブルの芽を摘み遅れる。『実は……』という会話が減った。会議でブレストがうまくいかずゴールや本質にたどり着きにくい」といったものが挙がっています。

雑談は「無駄口」と同一視されがちで、余計なもの、時間の無駄という印象をもたれることがありますが、大手企業の社員が会社のアンケートの回答に挙げるほど重要視しているのは興味深い点です。定められた業務報告や会議での発言だけでなく、挨拶のついでに交わすようなちょっとしたやり取りなども、有益な情報源となり得ると考えているわけです。雑談のメリットをいくつか考えてみると、例えば、ある程度関係性ができていれば、雑談しながら見せるしぐさや雰囲気で相手の体調やメンタルを察知することができます。会議中は緊張感を持ってしっかり振る舞っている人も、雑談だからこそ漏らす部分もあって、そこに大事な情報が隠れていることもあり得ます。休憩室でのうわさ話から他部署の人間関係や発言傾向などの情報が入ってくることもあります。こうして挙げてみると、雑談からつかんだヒントのおかげでリスクに対処できたり、メリットを得ることができたりすることも少なくないのです。

テレワークが普及して雑談をしにくくなったことが、意外なリスク要因となっている場合があるのです。雑談ができるチームのほうが生産性が上がるというデータもあり、「雑談しやすい環境整備は、効率のいい投資だ」と断言する専門家もいるほどです。

さて、オンライン中心のコミュニケーションで、心理的な距離感を近づけることが難しくなっていますが、ＥＧを活用すればオンライン環境下でも人間関係の円滑化を図ることが可能です。

テレワークではメールやチャットなど活字でのやり取りが増えます。そのときに、相手の特性を考慮して響きやすい文面にすることで、情報や感情が正しく伝わり、心理的安全性が高まります。

例えば「いつも上司から送られてくるメールやチャットがぶっきらぼうで怖い。私のことを嫌いなのか、何か怒らせることをしたのか」と悩んでいる部下は、上司に相談や報告したいことがあっても、機嫌を損ねるのでは、嫌がられるかもと思うと、メールを送ることをためらってしまいます。

ほかにも、特性によってプライベートなことも話したい人やビジネスライクに用件だけ伝えたい人、！マークや絵文字を使いたい人などがいます。また、毎日決まった時間にメールしてくる人や気まぐれに送ってくる人、用事がない限り送ってこない人などがいます。

これらはプロファイルによる重視している考え方や好みの違いが表れているだけなのですが、仕事相手でもプライベートなことも話して相手と共感したい人が、用件のみの短いメールを受け取ると、「怖い」「冷たい」「怒っている?」という受け止め方になりがちです。逆に、用件のみでいいと思っている人が、私的な話題も入った長いメールを受け取ると「読むのが面倒くさい」「仕事とプライベートの区別ができない人」と感じてしまいます。

出勤して相手の様子が見えていればコミュニケーションのずれを修正する場面もあるのですが、テレワークの場合は相手の顔が見えないので、余計に疑心暗鬼になってしまい、コミュニケーションの溝が広がってしまいがちです。だからこそ、相手のプロファイルに合わせた文面にして送ると、気持ちや情報の伝わり損ねが減らせます。

相手が共感したい気持ちの強い人なら、メールに相手を気遣う言葉や日常会話を入れると喜ばれます。「この前の資料、良かったよ。ありがとう」とか「今日は寒いね。朝起きるのが大変だったよ」など、こちらが負担にならない程度の一言で構いません。その一言があるだけで相手と良好な関係を築けるのなら、簡単ではありませんか?

新人がスムーズに仕事を覚える、早く職場になじむ

新入社員育成において効果を上げやすいのは、個人に合わせた教育を実施することです。特に同じ時期に入社する人が複数いる場合、ほとんどの企業では全員に同じ研修を同じスケジュールで行います。

しかし、教えられたことを理解するスピードや成長度合いは人によって異なるものです。どんな新人も覚えるべき基礎業務は同じかもしれませんが、どんなふうに学ばせるかを一人ひとりの特性に合わせて変えるのです。入社後の早い段階からエンゲージメントを育てるには、入社時にEG診断テストを実施し、新入社員のプロファイルに最適化した仕事の教え方や関係づくりをしていくのが近道です。

マニュアルを見ながらやらせるのか、マニュアルなしでやらせるのかなど、個々の特性によって臨機応変に変えていけばいいのです。また、新人の心理的ケアも、プロファイルシートを見ることで、適切な方法が分かります。

コミュニケーションを通して仕事への理解や面白さを分からせること、孤立や孤独

を感じさせないこと、モチベーションの管理をすることができればエンゲージメントが育ち、早期離脱をしにくくなります。

ちなみに、人によって成長にばらつきがあるという点ですが、上司の側が短期的な視点で成果を求めないで、長期的な評価をしてあげることが大事だと私は思っています。

新人は、仕事の手順を覚えたり、社内ルールに合わせた行動を身につけたり、資料のコピーや会議の準備、お茶汲みなどの基本的な業務が中心となることが多いかもしれません。そうした仕事においてはあまり工夫の必要はなく、上司からの指示やマニュアルなどに従って進めていくことが求められますが、ルールや手順に従うのが得意な人と不得意な人がいます。

規則や計画に忠実であることを好む人に新人向けの仕事をさせると、失敗することが少なく、早く仕事を覚える傾向があるため、上司には「素直で成長が早い人」という印象を与えます。繰り返しの作業も集中力を保って丁寧にやるので、「真面目で粘り強い」とも映ります。

規則や計画に従うより自由にやるのが得意な人に同じ仕事をさせると、最初のうちは言われたとおりにやりますが、少し慣れてくると自己判断でプロセスを変えたり、単純作業に飽きて雑な仕事になったりすることがあります。そうすると上司には、「わがままな人」「集中力がない人」と思われてしまいます。

仕事と本人の特性との相性が合っていれば、スムーズに仕事ができるので評価が高くなり、相性が悪ければミスが多くなって評価が下がります。しかし、ひととおりの仕事ができるようになって、2年目3年目になってくると、自分で考えてする仕事や自分なりの意見を求められる場面が増えてきます。そのときに、両者で逆転現象が起こることも珍しくありません。

前者は変化に対して慎重なので現状維持の姿勢を貫くことが多く、新しい仕事への意欲や発想が出づらく、自分の殻を破りにくい可能性があるのです。

一方、後者は自由な発想で意見を出し、面白い企画を思いつくなどして活躍し始める可能性が高いでしょう。最初は仕事ができないと思われていた人が、入社数年後から急成長するケースも珍しくありません。

このように、特性によって力を発揮しやすい業務や場面が違うので、あまり評価を急がないことと、第一印象で決めつけないことが大事だといえます。

褒め方も一人ひとりに合わせて使い分ける

やる気というのは自分の中から生まれることもあれば、外的な要因で生まれることもあります。自分の仕事が楽しい・やりがいがあると感じるとき、やる気は高まりますが、他者からの評価や会社から与えられる報酬によってもやる気は刺激されます。

部下に評価を伝えるとき、どの部下にも同じ方法で伝えていると、やる気のスイッチが入ったり入らなかったりすることもあります。やはり部下の特性を踏まえて、褒め方を変えることが大事です。部下一人ひとりにどのような声を掛けるのかを知るうえで、エマジェネティックスプロファイルが役立ちます。

1対1の場面で伝えるほうがいい人、公の場で褒められるとテンションが上がる人、成績表を見ながら詳しく評価を伝えてほしい人、大げさに褒められると嬉しい人など、いくつかのスタイルがあるので相手に合わせて選ぶと、やる気のスイッチをオンにできます。

特性に合わせて言葉や接し方を使い分けるのが難しそうだと思う人もいるかもしれませんが、この点については、プロファイルの特徴をつかむことで、ある程度のパターン化ができます。

特性が近過ぎてもエラーが起きることがある

プロファイルが似ている者同士は話が通じやすく共感しやすいという話をしてきましたが、プロファイルが似ているからこそコミュニケーション上のトラブルが起きることもあります。ＥＧを使ううえで、この点には少し注意が必要です。

ある家族経営の会社の話です。母親が会長で、娘が社長を務めており、二人の間ではケンカがしょっちゅう起こっていました。ある日、会長が社長に向かって「あなたはいつも話が抽象的で、具体性がないのよ」と言うと、社長は図星を突かれて頭に血が上ってしまいました。そして、「じゃあ、どうすればいいのよ。ちゃんと説明してよ。会長の言っていることだってよく分からないじゃないの！」と逆ギレをしてしまったそうです。二人ともヒートアップした結果、社長は「もう会社なんてやっていられない。辞めてやる‼」と吐き捨てて部屋を出ていってしまいました。

実はこの二人のプロファイルを取得してみると、よく似ていたのです。親子でもまったく違うプロファイルになることが珍しくありませんが、この二人は驚くほどそっくりでした。共通点の多いプロファイルなのに、どうしてケンカが多いかというと、お互いに自分が言われたくないことを言ってしまうからです。

娘が言われたくないことは、母親も相手から言われたくないことなので、お互いにカチンと来てバトルになってしまっていたのでした。

つまり、プロファイルが似ているからといって自動的に仲良くなれるわけではなく、やはり互いの思いやりが必要だということです。この親子もEGを学んでからは、自分が言われたくない言葉は避けて、自分が言われたい言葉を投げるようにすると、ケンカが減り関係が良くなっていきました。また、お互いに話が長くなると興味がもてなくなってしまうので、なるべく話をコンパクトにまとめ、相手の集中力が切れてきたなと思ったら切り上げるようにしているそうです。

今では会社の経営方針や事業計画についてなどの話もできるようになり、仲良く協力して会社をもり立てています。

離職率・内定辞退率の改善

大掛かりな改革をしなくても、ＥＧで離職率が下がる

ＥＧは離職率や内定辞退率の改善にも役立ちます。離職率を巡った印象的なエピソードがあります。

国内大手の自動車会社の役員がＥＧ研修を受けたあと、私と話していて「うちの人事はみんな間違っている」と言い出しました。「一流大学から入社してきた優秀な人材が３～４年で辞めて、ベンチャー企業に転職していく例がしばしばある。なぜ優秀

な人材が離職していくのか原因を探り、人事で対策をいろいろと講じてきたが、今までの施策は全部間違っていた」と言うのです。

この会社では、離職理由の一つとして「自由に仕事をさせてもらえない」を挙げる者が多く、ベンチャーで自分の可能性を試したいとの考えから転職を選んでいることが分かっていました。そのため若手の意見を吸い上げるような取り組みや、講師を招いて組織開発の研修をするなどの対策をしてきました。しかし、離職率はいっこうに改善されなかったのです。

この会社に限らず、どこの会社も似たり寄ったりの対策をしているのではないかと思います。経営コンサルタントに相談しても妙案があるわけではなく、同じような提案しか出てこないといった経験を語ってくれた経営者も一人や二人ではありません。

しかし、社内の制度や仕組みを少し変えたくらいでは、社風は変わりません。社長を頂点とするピラミッド型組織や年功序列制度が定着していれば、その重力に逆らって若手が自由に発言することは難しくなるからです。組織構造や人事制度を全部ぶっ壊して再構築するくらいの大改革をやらないと、社風を変えることはできません。ただ、それだけの大改革をすると、長年培ってきた企業風土も変えてしまうことになり、その会社らしさが失われるリスクもあるので悩ましいところです。

そのため、一部の制度や仕組みを変えることでなんとかしようとするのですが、そうすると効果は限定的になってしまいます。つまり、根本的な離職率の改善にはつながらないのです。

この会社ではジレンマをずっと抱えてきたのでした。試行錯誤を繰り返し、もっと良い方法はないかと情報収集をする中でEGの存在を知り、試しに役員が研修を受けてみたというわけです。この役員はEGの可能性を高く評価し、人事担当者にも受講を勧めるとのことでした。

厚生労働省の「令和3年雇用動向調査結果の概況」によると、令和3（2021）年の1年間の転職入職者が前職を辞めた理由として「職場の人間関係が好ましくなかった」と回答している人は男性8・1％、女性9・6％と、非常に高い割合を占めています。人材不足が叫ばれる今、たった一人であっても離職は会社にとって大きな痛手となります。しかし、私の会社では社員全員でEGを活用しているためコミュニケーション不全が起きにくく、心理的安全性が担保されていると自負しています。この話をするとたいていうそではないかと疑われるのですが、株式会社EGIJは2015年の創業以来退職者は二人しかいません。まぎれもない事実であり、それほどEGは離職率の低下に対して効果的なのです。

プロファイルが似たメンターを配置し、内定辞退率を下げる

昨今の就活シーンは学生側の売り手市場が続いています。今後もこの傾向は続くでしょう。一人の就活生が平均2社以上の内定を取っているといわれており、優秀な人材になるほど多くの会社から内定をもらっています。自社が欲しい人材は他社にとっても魅力的なので、どうしても取り合いになってしまうのは仕方がありません。

リクルートキャリアが発表した令和6（2024）年6月1日時点の「就職プロセス調査」を見ると、新卒採用の就職内定辞退率は56％超とあります。あくまで平均値

なので、知名度の低い企業や採用ブランド力の弱い企業では、さらに高い辞退率になっているはずです。

企業側も内定辞退されないように、さまざまなフォローをして入社までのモチベーションが途切れないよう腐心しているものの、なかなか成果が出ないことが多いようです。

内定後に入社を辞退する就活生たちは、どんな理由で内定辞退するのかを調べたデータがあります。「第一志望の会社から内定がもらえたから、そちらを選ぶ」というのは内定者側の問題なので、会社としては予防が難しく、仕方のない部分は確かにあります。

問題なのは会社側の努力で予防ができるのに、それができていないがゆえに内定者を逃しているケースです。辞退理由の中にある「雰囲気が悪かった」「面接官の態度が悪かった」などは、学生のプロファイルを把握して応対していれば、きっと出なかった意見です。人事担当者など内定者と関わる社員の教育次第でいくらでも改善ができます。また、「自信がなくなった」や「気が変わった」は、プロファイルに応じ

図4　内定後の辞退理由

Q：内定後の辞退理由は何ですか？（複数回答）

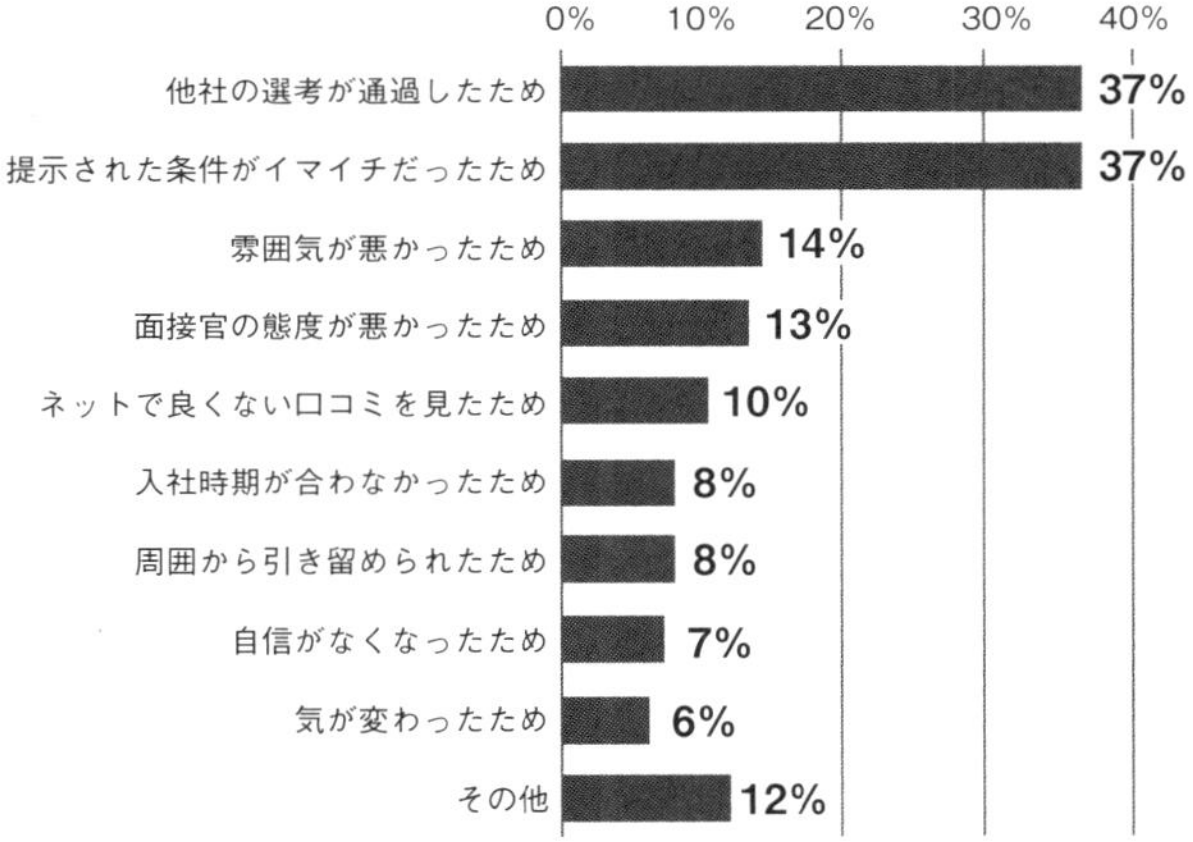

出典：リクルートキャリア　就職プロセス調査

た内定者フォローを丁寧にすることで減らすことができます。

つまり、ここに挙がっている辞退理由の何割かは、会社と内定者のコミュニケーションによって予防できるのです。

会社と内定者のコミュニケーションを促進するためには、精神面でのサポートができるメンターの活用が有効だといわれています。すでに内定者にメンターをつけている会社もあるかもしれませんが、両者の特性を考えて適切な人材をマッチングしているでしょうか？「この会社で大丈夫か」「みんなと仲良くやっていけるか」と不安でいっぱいの内定者に対して、自分の気持ちを理解してくれないメンターをつけても相談相手になりきれず、不安の解消にはなりません。

ＥＧは内定辞退者削減にも大きな威力を発揮します。まず内定が決まった段階で内定者にはＥＧのプロファイルを取ってもらいます。セミナーを受講させたあと、プロファイルの似ている若手社員をメンターとして選べばマッチングの当たり外れが少なくなります。

メンター選びのコツは、①入社3年目くらいまでの若い社員であること②できれば人事部門以外の社員が望ましい③内定者と似たプロファイルをもつ人を選ぶこと、の3つのポイントを押さえることです。

若手社員が良い理由は、年齢が近いと相談されたメンターは、3年以内に経験したことなので内容を思い出しやすく、世代間ギャップがないので同じ感覚で話ができるからです。

人事部ではない社員が望ましいのは、「こんな相談をすると、入社後の配属先や人事評価に響くのでは」と気にしなくていいからです。現場で実際に働いている先輩から生の情報が聞けるというのも、内定者には魅力的です。

いちばん大事なのが「プロファイルが似ていること」ですが、これはプロファイルが近いと「悩むポイント」が似ているためです。内定者の気持ちに共感しやすくなるのです。

内定者が「こういう点が気になるんです」と言ったとき、プロファイルが近いと「分かる！　私もそうだった」とすぐに理解できて、「私はこうやって解決したよ」と自分の体験に基づいたアドバイスができます。

内定者が言い出しにくいことがあっても、メンターが気づいて「私は入社前に○○が心配だったけど、あなたは大丈夫？」と早い段階で声掛けができます。メンターから話を向けてくれれば内定者も「実は私も……」と打ち明けやすくなりますし、プロファイルが似ている先輩社員の言っていることは面白く、とても分かりやすく腹に落ちることが多いものです。「この先輩は話しやすい」「悩んでいたのは自分だけじゃないんだ」と思って安心します。不安が膨らんで大きくなる前にガス抜きをすることができるのです。

プロファイルの似ているメンターをつけることで内定辞退率が大きく下がることが、多くのEG導入企業の事例で明らかになっています。また、入社後もメンターにフォローを続けてもらうことで、心理的安全性が高まって劇的に離職率が下がり、定着率が上がります。

採用にEGを活用する場合の注意点

採用シーンでEGを用いるときに注意したいことが3つあります。1つ目はプロファイルは能力を測定していないため、プロファイルを理由に合否を判定してはいけないということです。これは、米国エマジェネティックスインターナショナル社が決めた非常に重要なルールです。プロファイルが示すのは、他人からどう見える行動をすることが多いのか、どんなことを重視するのかという、行動や思考の好みです。緑色を好きな人だから合格、肉よりも魚を好きな人だから不合格というのは、身長や性別、住所のように本人の能力とはまったく関係のない事項で合否を判断したことになります。アメリカでは差別の一種として扱われることがあり、裁判になる可能性さえあります。

2つ目は、EGの診断テストを実施するタイミングです。内定が決まる前の選定の段階でテストを実施することはお勧めできません。なぜなら正直に答えないことが多く、正確な診断ができない可能性があるからです。

学生たちは就活本や大学のキャリアセンターなどを通じていろいろと情報を仕入れていて、こういう質問にはこう答えたほうがいい、リーダーシップのスコアが高く出るような答え方をすべきであるといった対策を練ってきます。面接や適性検査などでも本音で答えないで、正しいとされている情報に従って、採用担当者の目に「良い子」に映るように自分を演じてしまうことが多いのです。

これはEGの診断テストをするときも同じで、採用の段階で100の質問をしても、このように回答したほうが内定を獲得しやすいのではないか?と考え、本心ではない回答をしてしまう学生が多いのです。すると当然、その学生の本当の特性を示す正しいプロファイルは得られません。

偽りのプロファイルを信じて入社後の配属先や人事体制を考えていたのに、入社してから本人が全然別の本性を見せてきて戸惑う……ということが起きるのです。選考プロセスに入る前の段階か、内定が決まってからテストをすると、自分を偽る必要がないので正確な結果が得られる可能性が高まります。

もう1つ、採用担当者と似たプロファイルの人に内定が出やすいという点には配慮が必要です。プロファイルが似ている者同士は話が通じやすいので、「すべて説明しなくても理解できる人」と評価されることが多く、採用担当者と近いプロファイルの応募者は異なるプロファイルの応募者よりも優秀に映り、合格率が高くなる傾向があります。そうすると、似たようなプロファイルの人ばかりが集まることになり、多様性が失われてしまいます。組織は多様な価値観や強みをもつ人が集まっているほうが相乗効果で強くなっていくため、できれば異なるプロファイルの人がいたほうが良いのです。

同類のプロファイルを避けるために選考段階でEGのプロファイルを取得し、さまざまなプロファイルのメンバーを集めたくなりますが、選考段階で取ったプロファイルはあまり当てになりません。

学生の発言内容について採用担当者がどう受け止めるか、どう感じるか、学生と採用担当者のプロファイルの違いを考慮して、バイアスがかかっていないかどうかを確認するという使い方であるなら、選考中にプロファイルシートを参照することに意味があると思います。

組織強化

個性×個性で生まれる化学反応　多様性はチームを加速させる!

強いチームを作るには、バラエティーに富んだプロファイルでメンバーを構成すると良いといえます。さまざまな個性があるほうが個性同士を掛け合わせて、新しいものが生まれやすくなるのです。

メンバーの多様な個性（年齢・立場の違い・スキルや専門性の違い、プロファイルなど）を柔軟に受け入れ、ペアを組ませたりチームを組んだりして個性をぶつかり合わせるのです。すると化学反応が起きて、思ってもいないアイデアが生まれたり、今までできなかったレベルの仕事が達成できたりします。

多様性を有効に活かすためには、コミュニケーションによって人間関係を良好にしておく必要があります。多様であるチームは各人の「普通」が異なるため、コミュニケーション・エラーが起きやすいのです。しかし、エマジェネティックスプロファイルを用いて相互理解を深め、そのうえでチームが同じビジョンを共有すれば、協調性が高まり組織力が発揮されます。技術・知恵を持ち寄ることで業務の効率化が進みミス防止にもつながり、メンバーが主体的に動くだけでなく、チーム内での助け合いが自然発生的に起こります。チームの役に立ちたいという思いが強くなり、手を抜いてチームに迷惑を掛けるようなこともなくなります。

大事なのは、相手の個性を曲げて自分に合わせさせようとしないこと、自分の個性を殺さないこと、声の小さい人の意見も拾い上げること、声の大きな人の意見に流されないことです。どの個性も活かして、全員が自分らしさを出し合うことで色彩豊かな絵を描いていくことができるのです。

心理的安全性が高いチームは「これ苦手」と言える

仕事をしていると好きな種類の仕事もあれば、気乗りのしないものもあります。誰しも経験があると思いますが、たとえ気乗りがしなくても、みんな我慢しながらやっています。なぜなら、嫌なことを嫌だと言うのは子ども、黙ってやるのが大人だという認識があるからです。

しかし、嫌だなと思いながらモチベーションが低い状態でやっている仕事というのは、利き手ではない手で箸を持って食事をしているようなものです。時間もかかり、効率が上がらず、ミスが起きやすくなります。なんとか我慢してやってもたいして褒められるわけでもなく、あとからどっと疲れるというのもありがちです。本当は、嫌なものは嫌だと言ってしまいたいし、そのほうがすっきりします。

心理的安全性の高い職場では、他者から否定される心配がないので、「この仕事、苦手かも」と素直に口に出して言うことができます。たとえ独り言であっても、口に出すことでため込むことなく少し心が軽くなるでしょう。

さらに心理的安全性の高いチームでは、周りのメンバーがその言葉を受けて「分かる分かる」という反応が返ってきます。特性が似ている人は同じことを感じている可能性が高く、特性が違う人も、彼の特性からすると退屈に感じるだろうと思っているので、いずれにしても同意が返ってくるのです。この「同意」「共感」が救いになって、気持ちが楽になります。

私の会社では、単純作業が好きでない人には「これは全員ができるようにならないといけない仕事だからね。苦手だと思うけど頑張ろう」と声掛けして業務に当たらせます。そして途中で「〇〇さん今退屈だな、もう嫌だなと思ってるでしょ」とか「そろそろ別の方法でやりたいなと思ってきたんじゃない？」など、ほかのメンバーが先回りして声を掛ける場面がよく見られます。「気持ちは分かる。でも頑張れ！」と応援されると、本人は笑いながらしっかり取り組んでくれます。

やる内容も量も変わらないのに、なぜもうひと頑張りできるかというと、承認欲求が満たされるからです。マズローの承認欲求によれば「他者から認められたい」「自分を価値ある存在と感じたい」という欲求のことです。「あなたのこと分かっているよ！」というメンバーからのメッセージを受け取ることで、期待に応えたいと思う力が湧いてくるのです。

その一方で、「やめていいよ」とストップがかかるまで、黙々と単純作業をこなす人もいます。先日もセミナーで使う模造紙をひたすら同じ形に折っていく作業をしていたのですが、単純作業が好きな人は機械で折ったようにピタッと端がそろっていました。それを楽しいと言いながら、嬉々《きき》として作業してくれるのです。そうした作業を苦手とする私からすれば、単純作業をこなしてくれる人に対しては感謝の念でいっぱいです。

苦手なことを得意な人が代わってあげることができる

心理的安全性が高いと、自分が苦手なことや困っていることについて助けを求める抵抗が減ります。社会人になるとメモを取れと言われます。しかし、プロファイルによっては、メモを取ることも、取ったメモをなくさないように管理することも、あるいは、メモの中から必要なものを必要なときに探し出せるようにしておくことも苦手だと感じる人がいるのです。私の会社ではメモを取ることやメモを管理することが苦手な社員はメモ管理が得意なほかの人に「メモ取ってますよね？　あとで見せてもらっていい？」と頼んでいます。頼まれたほうも「仕方ないな」と笑ってOKしてくれます。いつもいつも頼られてばかりだと疲れてしまいますが、その代わりに自分が得意な仕事でお返しするので、どちらかが一方的に損をすることにはなりません。持ちつ持たれつ、お互いさまの関係ができると、素直にSOSを出しやすく無理をする場面が減って、エネルギーも消耗しにくくなります。

もっと言うと、メモの管理が上手な人が管理のコツを教えてあげたりもしています。

「書いたメモは『この引き出しのここに入れる』って決めておくといいよ」というように、仕組み化する方法を教えてもらったことで、少し管理が上手になりました。

「得意なことを得意な人に任せる」という文化は、私の会社では当たり前に根づいています。仕事の分担を決めるとき、これはAさんが得意そうだとなると、みんなが一斉にAさんを推薦します。AさんはAさんで「これは自分向きだな」と思っているので、みんなの視線を受けても押し付けられているという気持ちにはなりません。それどころか、みんなから自分の特性を認めてもらえていると感じていました。

得意な仕事を担当すれば成果も出やすく、みんなから感謝されて自己肯定感も上がります。苦手なことを無理やりやらせるより、ずっと効率的です。

弱点を把握し、すれ違いを予見・予防する

プロファイルで強み・弱みが分かるということは、あらかじめその人が起こしそうなミスやトラブルが想定できるということでもあります。つまり、落とし穴にはまら

ないように穴をふさいだり、万一穴に落ちてしまった場合の救出法を用意したりすることができます。

私の場合でいうと、アイデアは次々に湧いてくるのですが、それを自らの手で実現させたいとはあまり思わない傾向があります。思いつきを発言するだけで終わってしまったり、勢いで走り出してみんなを置いてけぼりにしてしまったり、リスクを見落として痛い目に遭ったり……といったことがあるのです。

具体的には、自分の頭の中にあるビジョンの詳細を具体的に説明しないで、「こんな感じ」とイメージで話すことが多いのです。そして、その場の勢いのまま「この方向でちょっと企画考えてみて」と社員に振ってしまうことがあります。

こちらとしては企画書を作るように指示したつもりになっているのですが、特性の異なる社員には仕事として伝わっていないことが珍しくありません。いつまでに、何について調べて、どのレベルまでの企画書を仕上げて提出するのかといった具体的な指示がないために、「必要性の低い用件」とか「社長が気まぐれで言っている」と解釈されてしまい、業務リストの中に入らないのです。

社員にはほかにも大事な仕事や急ぎの用件がいろいろあるので、私の企画のことはすっかり忘れ去られ、いつまで待っても企画書が上がってこない……ということもありました。「この前の企画書どうなってる？」と社員に確認して初めて、「え、あれ仕事だったんですか⁉」「企画書にしろと言われていなかったので大事なことだと思っていませんでした……」と返され、お互いの認識のずれに気づくというパターンを繰り返したことも今は昔となりました。

こういうとき、現在では私のプロファイルを理解している社員が、言葉足らずの部分を明確にして企画書の指示を出してくれます。「社長がまた何か言ってる」と思うと、「それは決定ですか？　それとも思いついたことを言っているだけですか」「いつやりますか」「誰に担当させますか」と具体化するための合いの手を入れ、現実にも目が向くようにサポートしてくれるのです。また、実現するうえでネックとなる要素を洗い出したり、必要な資料やメンバーをそろえたりして体制づくりをしてくれます。

的確なサポートが入ることで、企画が空中分解するリスクを減らすことができています。

リーダーの弱みを補完する右腕がいると、リーダーシップが発揮されやすい

ある人の弱みを別の人の強みで補完するという考え方は、リーダーシップにも当てはまります。経験の浅い経営者やリーダーは、自分一人で頑張ろうとすることが多いですが、どんなにタフで優秀な人でも一人で何でもできるわけではありません。リーダーシップを発揮するには、リーダーを理解し強力に支える右腕が必要です。リーダーが前方に攻めていくとき、右腕が背中を合わせて後方を守ることで、死角の少ない戦い方ができるのです。

例えば、意思決定をするリーダーと実行部隊としての右腕、チームを統率するリーダーと、メンバーをマネジメントする右腕、データでものを考えていくリーダーと、人情に厚い右腕というように、異なるスキルや特性をもつ二人がタッグを組むと、それぞれが自分の役割に専念できて、強いリーダーシップが発揮できます。

歴史を見ても、成功するリーダーたちのそばには必ずすばらしい右腕（ブレーン、懐刀）の存在があります。

近代日本史上で最も人気のある偉人の一人、西郷隆盛を例に取ります。西郷隆盛は明治維新の立役者であり、日本の歴史を変えた革命家として「理想のリーダー」といわれています。そんな彼はもともと薩摩藩主・島津斉彬の腹心でした。アクが強く血気盛んだった西郷は本来は敵を作りやすい人物でしたが、斉彬は彼の能力を高く評価し、下級武士から自分の補佐役に抜擢します。そして、自分の代わりに各方面で情報収集したり交渉したりする「庭方役《にわかたやく》」を任せました。斉彬は「西郷は薩摩の宝だ。しかし、自分にしか使いこなせない」という言葉を残しています。自分を信頼し重用してくれた斉彬に対して西郷はいたく感激し、生涯忠誠を尽くしました。

斉彬の死後、西郷はその遺志を継いで江戸幕府倒幕を目指し、目下の士卒たちと苦難をともにすることで人望を得ていきます。「西郷のためなら命も投げ出す」というほど部下たちに愛されていました。そんな新リーダー・西郷をそばで支えたのが、同郷の幼なじみだった大久保利通です。西郷が2度の遠島処分になったとき、西郷待望論をあおり、復権に奔走したのも大久保でした。

リーダー斉彬と補佐の西郷、リーダー西郷と補佐の大久保――この2組のペアがなければ明治維新は成立せず、今の日本はなかったと考えられます。

歴史のさまざまなエピソードを見ていると「冷静な斉彬」「激情家の西郷」「緻密な大久保」という人物像が見えてきます。まったく異なる強みをもつ人同士がリーダーとサブを務めたことで、明治維新という大きなことを成し遂げることができたのです。

つまり、リーダーの立場の人が右腕を選ぶときは、似たプロファイルのメンバーよりも異なるプロファイルのメンバーを選んだほうが成功率が上がります。

ちなみに、この例を見てもリーダー適性というのは、プロファイルの特性とは関係ないことが分かります。島津と西郷は大きく異なる個性の持ち主ですが、どちらも立派なリーダーとして名を残し、今でも尊敬を集めています。誰もがリーダーになる素質があり、特性がうまく発揮できたとき花開くのです。

「翻訳する人」がいるとコミュニケーション・エラーが避けられる

プロファイルを基にコミュニケーションしていくとコミュニケーション・エラーは起こりにくくなりますが、その時の気分や状況によっては意見の対立が起こることもあります。

そういうとき、一般的には「二人でよく話し合って結論を出してこい」と言われると思います。しかし、対立している二人が直接話しても、ますますヒートアップするか、妥協点を見つけるにしても片方が折れて不満をためることになるのがオチです。結局エラーが大きくなって解決はできません。

意見の対立が起きたとき、その原因の大半はプロファイルの違いです。プロファイルが異なるために、重視するポイントが一致せず受け入れることができないのです。そこで、対立が発生したときや予防したいときには、「通訳」に入ってもらうことをお勧めします。AさんとBさんが対照的なプロファイルで、意見の対立が起きそうなとき、あるいは起きてしまった場合、AさんともBさんとも一部似ているプロファイルであるCさんに入ってもらうのです。Aさんが言っていることは対照的なプロファイルであるBさんには伝わりにくいのですが、似ている部分があるCさんには伝わります。CさんとBさんにも似ている部分があるので、CさんがAさんの発言を言い換えるとBさんにも伝わるようになるのです。

先日も会議のとき、私が言っていることと、社員のYさんが言っていることとがかみ合わず、平行線になってしまいました。どちらも自分が正しいと思っているので引くことができなかったのですが、そこに居合わせた別の社員が「ちょっと待ってください。さっきから聞いていると、社長の言うこととYさんの言うこと、表現は違うけど同じことを言っていますよ。二人とも言いたいことって、こういうことでしょ？」と通訳してくれました。私とYさんが「ほんとだ。同じこと言ってた！」と笑い合って会議は円満に終わりました。

私の経験上、対照的なプロファイルの二人で話が進まないというとき、通訳ができるプロファイルの人物に入ってもらって話し合うとすんなり進みだすという事例は、これ以外にも無数にあり、多くの企業にぜひ実践していただきたいと思います。

EGで理念や経営方針の共有ができ、一枚岩になれる

チームを一つにまとめ、右腕となる人物と二人三脚でやっていくには同じ方向を見て進むことが大切で、理念やビジョンの共有が欠かせません。EGは理念を共有し、心を一つにしたいときにも効果を発揮します。

どこの会社でも理念研修をやっていると思いますが、みんなで同じ研修を受ければ同じ理解になると思うのは間違いです。同じ話でも、特性によって解釈や受け止め方が違うからです。

理念やビジョンというのは抽象的な言葉や概念なので、誰にとっても理解をすることが難しいものです。特に、EGでいう特性の違いがあれば、特性ごとに異なる解釈をしてしまいがちです。みんなで同じ解釈・理解度に達するためには、理念やビジョンに込められた経営者の意図をかみ砕いて伝えることが大事です。具体例を挙げて説明したり、イラストや写真で見せたり、行動指針のようなルール化をしたりするなど工夫して、Aさんに届く言い方、Bさんに届く言い方、Cさんに届く言い方をするの

です。

みんなが同じ目標、同じ理想に向かって進んでいくとき、それぞれが得意なやり方で行動してもバラバラになることはなく、最終的に行きつくところは同じになります。

チームへの自身の貢献が実感できるとエンゲージメントが育つ

理念やミッションが共有されると、一人ひとりが「チームの一員である」という帰属意識をもち、団結力が高まります。そして、チームにおいて自分が「不可欠な存在だ」と実感できるとき、エンゲージメントが高まって「もっと頑張ろう」と思えます。

そもそもEGを活用している職場では、心理的安全性が高いので成果が出やすく、「チームの役に立っている」という実感を得やすい環境です。加えて、成果が出たときに褒めることや報酬を与えることで自分の貢献度を客観的に確認でき、さらに心理的安全性が高まります。

経営者やリーダーの中には「褒めて伸ばせとよく言われるが、うちの部下（社員）

には褒めるところがない」「何を褒めたらいいか分からない」という人がいるのですが、EGのプロファイルシートが示す強みに着目すれば、褒める点に困ることはありません。響く褒め方や喜ぶ基準は人によって異なりますが、プロファイルシートを見ればベストな方法が分かるのです。

「君は○○が得意なんだね」「人の話をいつもよく聞いているね」というような、プロファイルシートの特徴をごく簡単に言うだけでも、言われたほうは「そうなんです！」と嬉しい気持ちになって自己肯定感や満足感を味わえるのです。

「ありがとう」という言葉も褒め言葉と同様に大きな力をもちます。人から感謝されて不快になる人はいないので、職場では惜しまずどんどん「ありがとう」を使っていくべきです。相手が無意識に当たり前のように行動していることでも「○○してくれてありがとう」と言えば、それだけで相手は認めてもらえると感じます。

明確な言葉で褒められなくても、感謝の言葉をもらい、上司や同僚の言葉の端々から「認めてもらえている」というメッセージを受け取って、心の栄養にしていくことになるのです。

自分らしく働いて成果が出る↓評価や賞賛・報酬を受ける↓自己肯定感が高まる↓モチベーションが上がる↓チームのために頑張ろう（エンゲージメント）↓さらに成果が出る……という上昇気流のスパイラルが生まれることで、会社は大きく成長していけます。

会社のブランド力向上

社員のメンタルヘルス向上で健康経営も実現

職場のストレスを減らし「健康経営」を推進することで、企業イメージがアップします。

２００９年頃から日本でも「健康経営」が注目され始めました。ブラック企業やワンオペ、長時間労働、過労死などが顕在化してくる中で、社員の健康維持・増進を経営戦略としてとらえる動きが活発化してきたのです。

健康経営は１９９０年代にアメリカで提唱された考え方で、「健康な従業員こそが収益性の高い会社を作る」というものです。先進国の多くは、生産年齢人口が減っていきます。特に日本の社会状況では今いる従業員に長く働いてもらうことが会社としては重要であり、従業員が健康で活力をもって働いてくれれば、それだけ業務効率が上がって離職・休職も減り、会社の収益アップにつながります。この好スパイラルを戦略的に起こしていこうというのが、健康経営です。

日本経済新聞社と日本経済研究センターを母体とする「スマートワーク経営」が発表したデータ（２０１８年）によると、健康経営を実施した企業は業績が上がることが確認されました（１４４ページ図５参照）。

大企業を中心に健康経営の取り組みが始まり、最近では中小企業でも意識が高まってきていますが、この健康経営にもＥＧが役立ちます。

図６は健康経営を実現するステップを描いたものですが、ピラミッドを構成するピースのうち「心と身体の健康づくり」「働きやすさ」「働きがい」の３つは、コミュニケーションやエンゲージメント、メンタルヘルスによって生み出されるものです。ＥＧによって良好な職場の人間関係ができれば、この３つのピースは自ずと出来上が

図5　健康経営の推進について

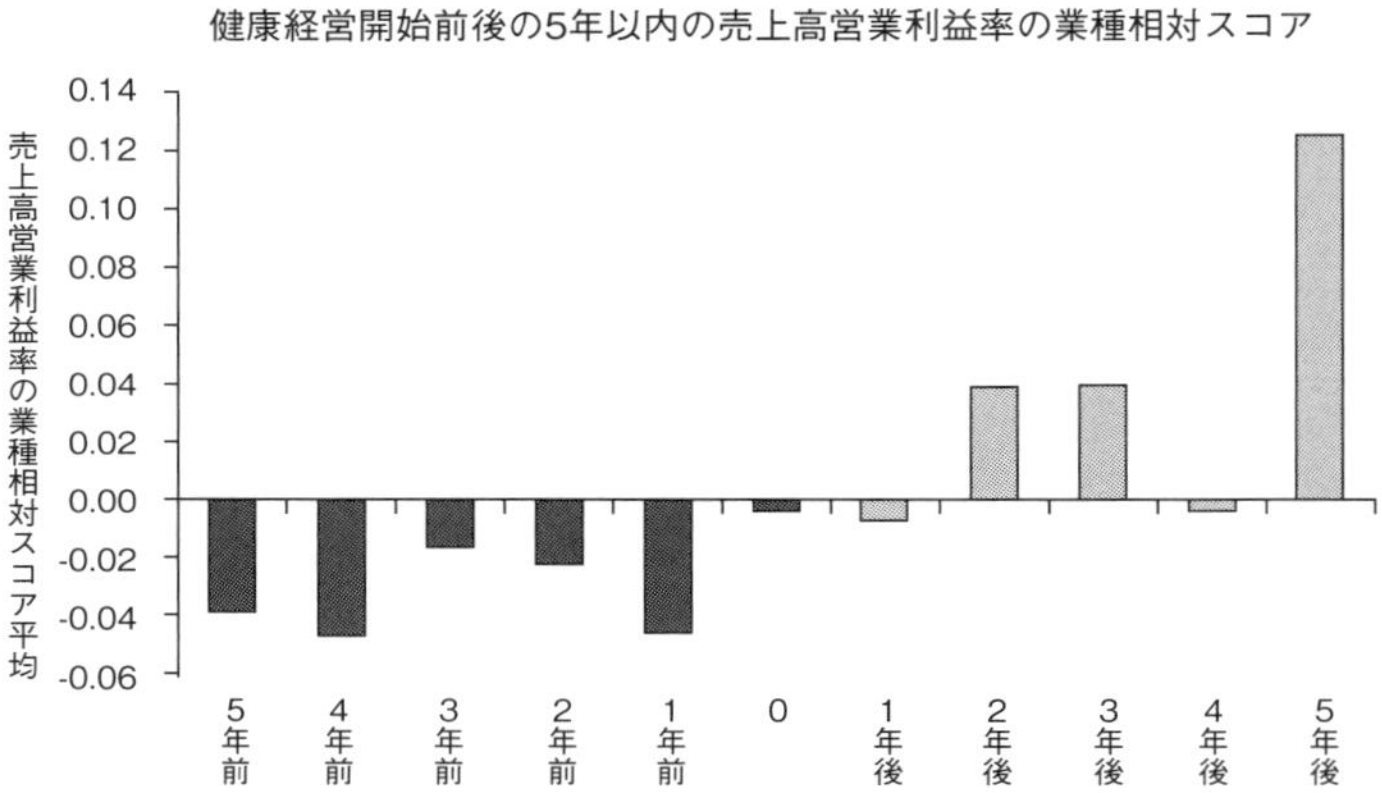

出典：経済産業省　「健康経営の推進について」

図6　健康経営を実現するステップ

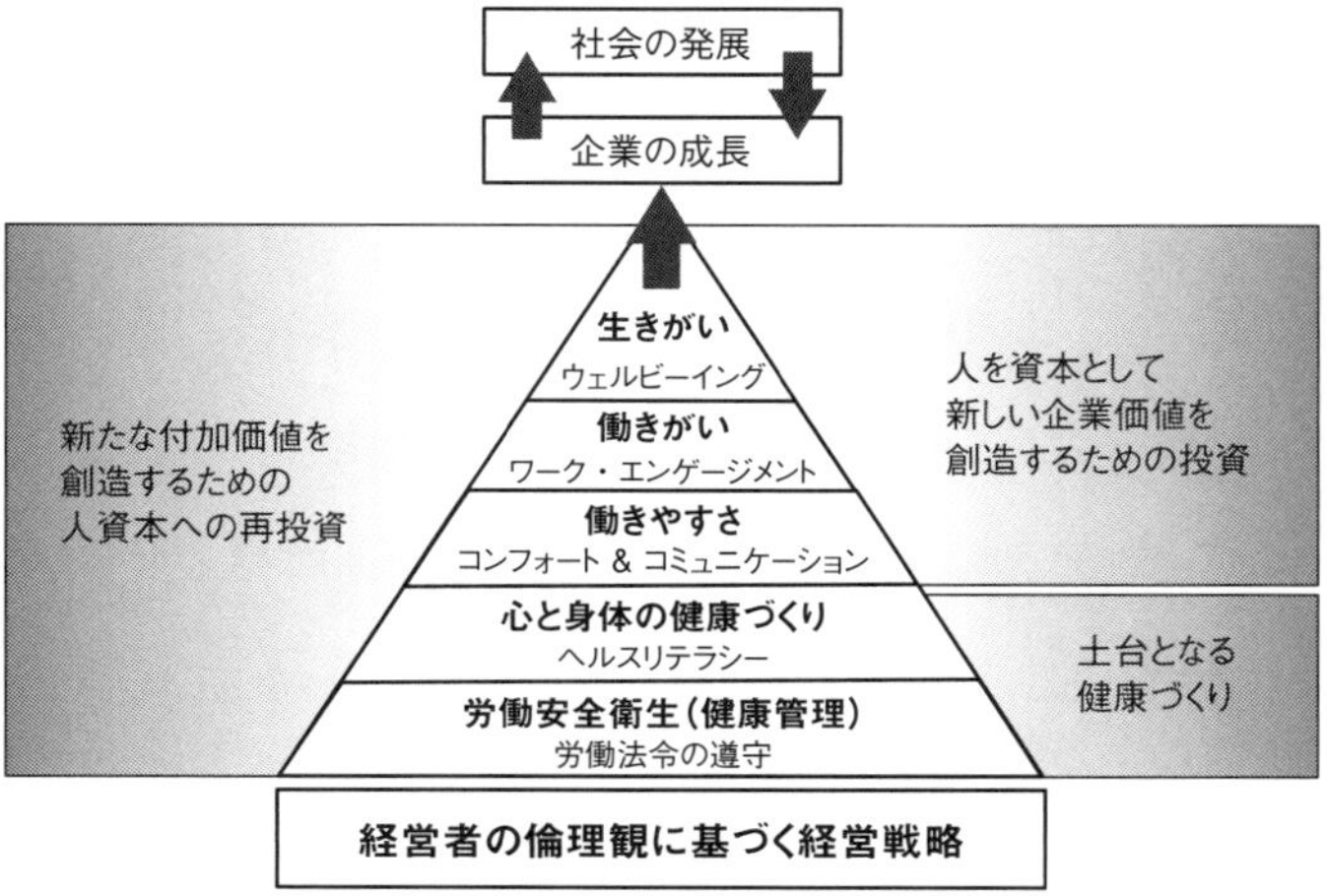

出典：特定非営利活動法人健康経営研究会「健康経営とは」

ると考えてよいので、健康経営が一気にはかどります。

健康経営ができている会社は、経済産業省が認定する「健康経営優良法人」のロゴマークを掲げての広報活動ができます。特に優れた企業には「ホワイト５００」や「ブライト５００」の称号が贈られます。「社員の健康に気を使っている、優しい会社」というイメージは、採用や集客のときに有利に働きます。最近の大学生は就活のとき、「健康経営」や「SDGs」をキーワードに企業選びや企業研究をしているそうです。

ＥＧを活用した企画書作りや広告で成功率が上がる

ＥＧを活用すると、取引先やユーザーとの関係構築や、ブランドイメージの向上にも役立ちます。

・取引先への企画書作りの工夫

例えば取引先の社長にプレゼンする際、社長の特性に合わせた企画書を作ると、興味をもってもらいやすく成約率が上がります。数字やデータ重視の人ならエビデンスを強調した企画書にし、感情を重視する人ならその商品が開発されるに至ったきっかけとなるエピソードや、開発中の苦労話といった物語を伝える工夫をするとよいでしょう。

実際に私の会社では、権限をもつ人に合わせて資料を作ったり、商談時のコミュニケーションを工夫したりしています。相手のプロファイルが正確には分からない場合でも、すべてのプロファイルに響くように、さまざまな観点からの情報を提供することで、「こちらの意図が伝わらない」「誤解を生む」といったリスクは最小化できます。

・広告やメルマガによるマーケティング戦略

ユーザーや大衆に向けてのマーケティング戦略としては、広告やメルマガを制作する際に、ターゲットに届きやすい文言やビジュアルを選択することによって集客力やPV（ページ閲覧数）を向上させることができます。

新規顧客開拓やブランド認知を目的として、不特定多数に向けて広告を打つ場合は、特性ごとにコピーやデザインを考えます。例えば、新しさやほかの人と違うことに価値を見いだす人向けに「業界初」や「数量限定」を打ち出します。機能性重視の人には「他社製品との違い、優位性」や「素材の特徴」を打ち出します。感情を重視する人には「開発秘話」や「作り手の想い」を語ると良いでしょう。

ターゲットの特性を絞れば、デザインも抽象的なものを好むか、具象的なものを好むか、カラフルなものを好むか、落ち着いた色使いを好むかなどが分かるので、作り分けができます。

既存顧客の囲い込みを目的として、定期的にメルマガを配信する場合は、今週はこの特性に向けて、来週は別の特性に向けて……というふうに中身を作っていく方法があります。また、1回のメルマガの中に、各特性を意識したコーナーや企画を設けるという手法もあります。

書き手の特性が文面にも表れることを利用して、特性の異なる複数人がコーナーを分担して書くというのも有効です。そうすれば書き手と近い特性の読者が読んだコーナーについてはアンテナに引っかかりやすくなります。

すべてのメルマガコンテンツがハートに刺さらなくても、一部でも興味を持ったり共感できたりする記事があれば読者は読んでくれますし、記憶にも残ります。

生産性の向上

強みを集めて高い生産性を生み出す、理想的な「WEチーム」

EGでは、さまざまなプロファイルが集まった多様なチームの生産性が高いことが確認されています。

EGを開発したブラウニング博士は、あらゆる種類のプロファイルをそろえた組織のことを「WEチーム」と呼んでいます。Whole Emergenetics Teamの略で、Wholeは「すべてを含んだ・一体となった」という意味です。

ブラウニング博士はその著書『エマジェネティックス―人の本質を〝見抜く〟科学』(ヴィレッジブックス、2008年)でこのように述べています。「特定分野や特定産業のリーダーは、ある種の思考スタイルに限定して人を雇いたくなるものだ。だが、それはやめておこう。専門分野の人材を確保したいという気持ちは分からないではないが、オフィス全体の風景と仕事のさまざまな側面はもっと重要だ」

さまざまな特性が組織の中で自分の役割を理解し、互いに補完し合いながら成果を出す、それがWEチームです。

ただし、形だけWEチームになれても、肝心のコミュニケーションがおろそかではみんなが自身の強みを発揮できません。これまでに紹介してきたようなポイントを踏まえて心理的安全性を高めていくことで、「本物」のWEチームになっているのです。

EGを活用してWEチームができてくると、必然的に売上や収益などの数字が伸びていきます。なぜならEGが社内文化になることで、エンゲージメントが上がるからです。

すべての特性を使い成果を上げる〝WEアプローチ〟

大企業のようにバラエティーに富んだ人材がそろっている場合は、メンバーの入れ替えは比較的容易にできると思います。またブランド力があれば、応募者が集まりやすいので新規採用もそれほど難しくはありません。

しかし、日本の9割以上が中小企業であり、業務量に対し十分な社員数を確保できていない組織が大半です。また、新規採用を難しいと感じている会社も多いはずです。また、前述したとおり自分と似たプロファイルの人物を優秀と感じてしまう傾向があることから、採用担当者に似たプロファイルばかりで、人材構成に偏りがある企業も少なくありません。さらに、事業内容やプロジェクトによっては特定のスキルや専門性が求められますから、条件をクリアしたメンバーを集めると特性が偏ってしまうということも当然出てきます。

こういうときでも、普段は意識しないと使わない脳を意識的に使うことで、まるでWEチームで仕事をしたかのような成果を上げることができます。その方法をWEアプローチと呼びます。プロファイルでチームにどの特性が足りないかが分かっているわけですから、みんなでその凹の部分を意識することで補っていくのです。

プロファイルには意識しなくても常に使っているために顕著に表れる特性（顕性）と、意識しないとあまり使わないために普段は潜っているように感じる特性（潜性）がありますが、潜性は隠れているだけで使えないわけではありません。意識的に潜性を使っていくことで、チームの凹の部分を埋めていくことができるのです。

潜性を意識的に使えるようになるにはトレーニングが必要ですが、ＥＧではそのコツも解明しています。

心理的安全性が育てば数字はあとからついてくる

コミュニケーションは企業が抱えるあらゆる課題のベースに横たわっています。だから、ここを変えることで全部が変わっていくのです。目先の数字を追うばかりではなく、コミュニケーションを充実させて心理的安全性を築き、チームの力を上げていくことで結果はついてきます。

心理的安全性を作るとは、豊かな土壌を作ることです。痩せてカチカチに固まった土では作物は育ちませんが、しっかり耕し、たっぷりの栄養を行き渡らせれば、元気な芽が出て大きく育ちます。ただ育てばいいというのではなく、しっかりと土地の力を引き出すことで力強くみずみずしい実がなるのです。それと同じように、社内のコミュニケーションが良ければ良い人材が早く育ち、強いチームができて成果を出していけますが、今いる一人ひとりのポテンシャルをしっかりと引き出すことで、より望ましい成果につながっていきます。成果が出ていない、物足りないと感じるとしたら、それは能力が低いためでなく、すべての能力を使いきれていないだけなのです。

会社の利益や売上は「実り」として最後に収穫できるものです。最初から利益を欲しがるのではなく、きちんと土から作っていくことが永続的な企業成長をしていくためには重要です。

第5章

個性を認め合う文化が企業に根づけば組織のポテンシャルは無限大になる

EGは特性を見るもので、能力を測るものではない

より良い職場のコミュニケーションを作るにはEGを活用することが最もスピーディーで手堅い方法ですが、いくつか導入するうえでの注意点もあります。

EG初心者がやりがちな過ちとして、プロファイルで仕事の適性や能力を測ろうとしてしまうことがあります。EGは思考や行動の特性を測るためのツールであり、その人の能力を測るものではありません。

例えばEGのプロファイルで物事を考えるときに数字やデータを重視する人が、「計算が速い」とか、「プログラミングスキルが高い」ということにはなりません。特性の違いは、あくまで仕事を遂行する際に取りがちなアプローチの仕方、好みの違いです。例えば営業の仕事をするときに、自由にやりたいか・細かい指示が欲しいかや、飛び込み営業を好むかあまり好きではないかが分かるに過ぎません。

つまり、プロファイルだけを見て、仕事ができる（できない）、理解が早い（遅い）、リーダー向きだ（リーダー向きでない）などを判別することはできないのです。

プロファイルシートの円グラフは４つのパートからなり、一人ひとり違った割合になっています。割合の大きい部分だけがその人の特徴を表しているのではなく、割合の小さい部分は意識しないと使う機会が少ないため、普段は「潜っている」というだけのことです。表れやすい特性だけを取り上げて、「この人はこう」という決めつけ（レッテル貼り）はすべきではありません。

苦手や嫌いなことも「できる方法やメンタル」があれば乗り越えられる

もう一つやりがちな過ちに、仕事ができない理由として特性を言い訳にすることがあります。

ＥＧは短所を改善するよりも長所を伸ばすことに重点をおきますが、だからといって苦手なことをやらなくていいというわけではありません。「飛び込み営業が苦手だから、私はやりません（できません）」「事務作業は好きじゃないからほかの人にやってもらって」と言い出したらキリがなく、仕事が回っていかないと思います。

ビジネスの場面では苦手なこと・嫌いなことでも、ある程度はやっていかねばならない場面が必ず出てきます。そういうとき、我慢してやらせるのではなく、自分の強みを活かしたやり方をしてもらえば良いのです。ビジネスでは結果を出すことが重要で、結果に至るやり方は一人ひとりの個性に合わせて変更してもよいはずです。ＥＧが示す特性にとって、高い成果を出すために最適なやり方を選ぶことで、誰でも高い成果を出せるようになります。

ただ、どうしてもやり方を変えられないこともあり得ます。その場合、ＥＧでは周りの人が気づいて声を掛けたり、自分からアドバイスを求めたりして、できる方法やメンタルを作っていくことができます。嫌いなことを無理に好きになる必要はなく、それなりにこなせる程度でも結果を出せればよいのです。

ＥＧを活用している組織では、苦手なことにトライしてクリアできると、周りは「すごいね」「偉いよ」と褒めてくれるに違いありません。小さな成功体験を重ねることで自信がついていき、別の課題が出てきたときも逃げなくて済むようになっていきます。

傷つけたくて話している人はいない コミュニケーションは性善説で考える

これまで人間関係で苦労してきた経験をもつ人は、「相手に傷つけられるかも」「嫌われるかも」「好きになれないかもしれない」など、コミュニケーションの不安や相手への警戒心をもっていることが多いものです。相手の言葉を悪意でとらえると、どんどん相手のことが嫌いになるし、自分も傷ついてしまいます。

人は社会性を有する動物なので、基本的に「みんなと仲良くなりたい」「自分を好きになってもらいたい」と思っているものです。ですから、人とコミュニケーションするときは、「私を傷つけようとして話している人はいない」という性善説を前提に考えるほうが良いと私は思っています。

特に全社でEGを学んでいる場合、みんなで前向きに人間関係を作っていこうと思っているわけですから、根底には思いやりがあるはずです。もし自分にとってあまり嬉しくない言葉が飛んできたとしても、まずは、相手はコントロールを誤ったんだなとおおらかな気持ちで受け止めてあげてほしいのです。コミュニケーションは双方向で行うものですから「お互いさま」と考え、自分だってコントロールミスをしているときがあるかもしれないと思い、相手のコントロールミスをことさら非難しないで、見逃してあげることも大事です。

何度もしっくりこない言葉が飛んでくるようなら、相手があなたの特性を誤解しているか、理解不足の可能性があるので、「私はその言葉はあまり好きじゃないな。こっちの言葉のほうが嬉しい」というように伝えるのも良いと思います。「私はこうしてほしい」と伝えることで、相手は自分のコントロールミスに気づき、修正することができます。自分に合う言葉が飛んできたら「ありがとう」と言えば、相手も今度は自分の言葉がちゃんと届いたことが分かって嬉しくなります。こうして、少しずつ相互理解を高めていくことが、心理的安全性を高めていくことにつながるのです。

相手が分かってくれないとき、相手を責めないで自分の伝え方を省みる

逆に、相手がこちらの意図や真意を分かってくれないときは、「相手の理解力が悪い」とか「言葉が通じない宇宙人みたい」と決めつけず、自分を省みることです。「自分の伝え方は相手にとって分かりやすかったか」「相手を思いやってコミュニケーションしていたか」と見直してみると、自分本位のコミュニケーションになっていることに気づくはずです。

よく自己啓発の本などで「他人は変えられない。自分は変えられる」と言われますが、人間関係を変えるにはまず自分の行動を変えることが近道です。自分の行動が変わることで、相手が変わる可能性は大きく高まります。

とはいえ実際のコミュニケーションの場面では、つい自分から変わることを忘れてしまいがちです。誰しもＥＧのプロファイルが示すコミュニケーションスタイルの好みがあり、意識しなければその好みのコミュニケーションスタイルを用いて話したり、

行動したりするからです。しかし、自分の好むコミュニケーションスタイルを相手も好むとは限らず、良かれと思った発言や行動が、相手にとっては怒りを呼び起こす原因となることさえあるのです。そう考えると、自分の好むコミュニケーションスタイルを常に使おうとすることは、相互理解を拒むことになりかねず、思いやりに欠けることだということが分かってくると思います。

コミュニケーションの基本は「相手への思いやり」です。自分から歩み寄って、できるだけ相手に負担の少ない言葉や接し方をしてあげると人間関係は非常に良好になってくるでしょう。たとえ上手に言葉を選べなくても、思いやりの気持ちは必ず相手に伝わるものです。相手もEGを学んでいればなおさらです。

自分のことを想って選んでくれた言葉だと相手が感じれば、相手もお返しをしたくなって、あなたを想った言葉を選ぼうとしてくれるに違いありません。そうやってお互いの思いやりを重ねていくと、温かいコミュニケーションが成り立ち、幸せな人間関係が作られていくはずです。

コミュニケーションは質が大事

相手と分かり合うためには、よく話すことが重要だと言われてきました。コンサルタントの中には、コミュニケーションは質より量が大事だと教える人もいます。どんなコミュニケーションを取ったか（＝質）よりも、どれだけ多くコミュニケーションを取ったか（＝量）のほうが大事だから、積極的に話せという人もいます。しかし、EGの観点から言うと、場合によっては正しいとはいえません。

相手への理解が不十分な状態で良かれと思ってたくさん話し掛けても、相手は人と関わり合うことを苦手に感じる人である可能性があります。そのような相手に対して、次々と話し掛けてもエラーが増えるだけで、心の距離は縮まらず、相互理解にはたどり着きません。反対に、たった一言でも心にピタッとくる言葉がもらえると、心の距離はグッと近づきます。心理的な距離が近くなった状態で、短い会話を複数回行えば、さらに相互理解が深まり、コミュニケーション・エラーが減ります。コミュニケーションで大事なのは相手にとって適切な「質」を担保した「量」（回数）なのです。

強力なツールゆえ間違って使うと危険！「分かったつもり」に気をつけて

ＥＧは子どもでも分かるぐらいシンプルであり、学んだその日から使えて、即効で人間関係を円滑化するという特長があります。ＥＧのほかにもコミュニケーションツールや心理測定ツールは多々ありますが、ここまで使いやすくて実効性があるものを私は知りません。そのため多くの会社で導入されているのですが、気をつけてほしいのは、分かった気になって使うことの危険性です。効果が高い分、誤った使い方をするとかえって人間関係を壊してしまうことがあるのです。

よくある失敗が、「セミナーで〇〇の特性の人は、こうだって言ってたな。だから、この言葉を投げておけばいいだろう」と安直に使ってしまう場合です。プロファイルシートでは円グラフと棒グラフを合わせた全体を見ることが大事なのですが、円グラフのいちばん目立つ特性だけを見て「この人はこう」と判断し、言葉選びをしてしまうことがあります。すると、ピント外れのコミュニケーションになり、相手を不快にさせてしまいます。「私のことを分かっているふりして全然分かってない。勝手に決めつけないでよ！」と怒らせてしまい、EGを学ぶ前より人間関係が悪くなってしまう……ということもあり得るのです。

EGを分かった気になって使うというのは、医学をちょっとかじっただけの医学生にメスを持たせるのと同じくらい危ないということを心得ておくべきです。ただし、EGは医学ほど高度でも複雑でもないので正しい知識さえインプットできれば、誰でも正しく安全に使いこなせるようになります。何より楽しいので、学ぶことが苦になりません。

EG研修を受けに来る人たちはみんな「研修という感じがしない」「毎回来るのが楽しみ」「毎回あっという間に時間が過ぎる」とおっしゃいます。その話を聞いたほかのスタッフが「私も早く受けたい」と言い出すことも珍しくありません。楽しいからこそみんなで使っていこうというモチベーションにつながりやすいともいえます。

定期的に学び直すこと、思い出すことが重要

ＥＧ研修を重ねてコミュニケーションが上達してきた人たちは、「人間関係が楽になった」「職場が楽しくなった」と言います。ＥＧがさまざまな人たちの役に立っていることを嬉しく思います。

ＥＧは誰でも使えるツールですが、もう一つの側面として、使えば使うほど奥が深いと感じるものでもあります。プロファイルがよく分かってくると、一見同じような形に見えるプロファイルにも必ず違いがあって、詳細を深く見ていくと特性に微妙な違いがあることが理解できるようになります。すると、似たプロファイルでもコミュニケーションを少しずつ変えてみると、より繊細なコントロールができるようになっていきます。つまり、ＥＧにはゴールがないのです。これが楽しくもあり難しくもある理由です。

ＥＧ研修を一度受けて終わりにしないで、定期的にＥＧを思い出したり、知識を深めたりする研修を受講しに来る人も多くいるのはこのためです。回を重ねるごとに研

修の内容もレベルアップしていくので、飽きるということはまずありません。EGの資格を取って、それぞれの会社で社員研修の講師をしている人もいます。

また、一度学んだことでも学び直しが大切です。5時間のセミナーを一度受講しただけで、そのすべての内容を1年後まで完璧に覚えている人はめったにいないと思います。人間は忘れる動物であるからです。また、習慣やクセというのは体に染みついているので、しばらく時間が経つと元に戻ろうとします。自分ではEGに則して正しく実践しているつもりが、無意識に自分のクセが表れてくることもあります。だからこそ時々思い出してニュートラルな状態にリセットしてあげる必要があるのです。

他社の実践事例を自社に落とし込み、「使える知識」を増やす

私の会社では毎年、EGフェスティバルというイベントを開催しています。簡単に言うとEGを導入していただいた方々ならどなたでも参加できる勉強会および交流会です。毎回多くのEGを活用していただいている人たちが参加し、和やかな雰囲気で会が進んでいきます。みんなEGを学んでいるので初対面でも話が弾み、それぞれの

会社での取り組みを話したり、情報交換をしたりなどして盛り上がります。「うちはこんなふうにしているけど、おたくはどうですか?」「うまくいかなくて困っているのだけど、どうしたらいいと思う?」といった突っ込んだ話が直接できるので、みんな真剣ですし、何か一つでも収穫を得て帰ろうと意欲的です。

特に事例発表には力を入れており、毎回2~3社に報告をしてもらいます。同じような課題をもった会社がどうやって変わっていったのか、どこでつまずいたか、成功のポイントや、やってはいけない失敗談などが具体的に分かり、みんな自社に落とし込もうと興味津々で聞いています。すべてが実話であるため、その大半がすぐにでもまねできると大好評です。

ほかのコミュニケーションツールや心理測定ツールを使ったことがある人の中には、成功事例に再現性があるとは限らないからあまり参考にならないと思う方がいらっしゃるかもしれませんが、EGの場合は違います。みんな研修でベースとなる情報やコミュニケーションの方法などを習得しています。基本となる知識はシンプルです。ところが、実践しようとするときに不用意に複雑な解釈をしていることが珍しくありません。事例発表で聞く内容は「なんだそんなことだったのか」と現場に落とし込む際のちょっとした勘違いを気づかせてくれたり、「理屈は分かるけど具体的にどうするの?」と悩んでいた人に、「なんだそうすればよかったのか」と教えてくれたりします。そのため、誰しも、自分事に置き換えることができます。他社でそういうやり方でうまくいったなら、自社の場合はこうすればいいとアレンジして再現することができるのです。

自社であれこれ試してベストな方法を作っていくのも大切な学びですが、他社の取り組みのいいところを集めて応用するのも効果的です。

EGを共通言語にする企業文化が理想

EGはぜひ全社で取り組み、日常の中でどんどん使っていってもらえるとよいと思います。会議のときだけ、研修のときだけEGを意識しても職場のコミュニケーションは変わっていかないからです。

会社のトップやチームリーダーがEGを学ぶことで部下への接し方が変わり、部下のやる気が高まったり、仕事の質が上がったりという効果が期待できます。しかし、部下がＥＧを知らないと、受け取るだけで投げ返すことができません。上司は与えるばかりになって疲れてしまうことがあります。「こんなに部下のためを思っているのに、部下は私のことをどう思っているんだろう……」。そんなふうに上司が不安になってしまってはいけません。また、部下がＥＧを知らないと、部下同士のコミュニケーションの改善もしていけません。

「プロファイル」「ＷＥチーム」「思考特性」「行動特性」「顕性」「潜性」などＥＧ用語を誰もが理解し、日常会話で当たり前に使える職場が理想です。覚えるべき用語はほぼこれだけですから簡単です。普段のコミュニケーション一つひとつが変わっていくことで全体の雰囲気が変わり、それが醸成されることで企業文化として根づいていきます。

家族・友人との関係にも変化が生まれる

経営の話からは少しそれますが、ＥＧを学んでおくと家庭での子育てや夫婦関係、嫁姑関係、友達付き合いなどプライベートな場面にも使えます。企業向けセミナーでもEGで親子関係が良くなったスタッフの話を紹介することがあるのですが、女性からの反響が大きいです。「私も子育てに悩んでいる」「子どものことが理解できない」という声を多くもらうようになり、「お母さんのためのエマジェネティックス®」という講座を新しく始めようとしているところです。

親子関係がうまくいかないというのも、親と子でプロファイルが違うことから起きているケースがほとんどです。例えばルールに則して行動することが普通だと思っている親と、規則が嫌いで自由でいることが好きだし、楽天的に考えるのが普通だと考えている子のプロファイルの組み合わせだと、親は子どもに対して「いい加減な子」、子どもは親に対して「いちいち細かい親」という印象をもち、双方のイライラは募ります。

しかし親がEGを知っていると、子どもに別の言い方ができるので、かなりの割合でイライラを減らすことができます。

一緒に暮らしている家族や、近しい間柄の人とは「あなたとは合わないから別れる」とか「もう会わない」といったことは簡単にはできません。だからこそ悩みも大きいのですが、その分、解決したときの幸せも大きいものです。

日本はEG先進国　企業導入実績では世界第2位

EGが生まれたのはアメリカですが、日本に入ってきたのは2008年のことです。今では日本が実績数ではアメリカに次いで2番目に多い国となっています。アメリカ全土で年間のプロファイル作成数が約2万、日本は約1万となっています。両国の人口比から考えると、日本のほうがEGを使っている人の割合が高いことになります。

利用者数が世界で2番目に多い国であることから、世界のヘッドクオーターである米国エマジェネティックスインターナショナル社も日本に注目しています。日本の導入事例やユーザー企業の活用状況について説明するたびに、「日本はすごい」と驚かれるほどです。エマジェネティックスが生まれたアメリカよりも、日本のほうがはるかに積極的に活用し、使い方が進化、洗練されていると言います。私たちは、その原因が日本とアメリカでは本気度が違うからだと考えています。

アメリカやカナダの一部の州では、教育現場にＥＧが採用される事例が増えています。教師がＥＧの講師資格を取得し、教育のカリキュラムの一部に取り入れたり、スポーツチームで活用したりしています。もともとブラウニング博士が学校教育に活用したくて開発したツールなので、教育現場との相性は良いのです。

世界最大の航空会社であるアメリカン航空は全社的にＥＧに取り組んでいますが、マイクロソフトやＩＢＭなどほかの米国企業については、人事部門の人が講師資格を取得し、人事部門主導でＥＧ活用を進めようとしているところが一般的です。米国エマジェネティックスインターナショナル社によれば、企業の大小にかかわらず、企業のトップリーダー自らが積極的に全社活用を主導しないと、なかなかＥＧを正しく活用することが難しいとされています。これは、日本国内１１００社を超える企業と直接取引をさせていただいている当社でも実感している真実です。つまり、米国企業の多くは、ツールとして導入されていても、全社的に取り組むことができている企業は非常に少ないということです。

それに対して２０２３年5月時点での日本は導入先のほとんどが中小の民間企業で

す。社長が自ら率先してEGを学び、社員を研修に参加させています。自社を変えたいと思って予算投入をしているため、EGに懸ける思いやパワーがアメリカとはまったく別次元といえます。

活用事例も多く集まりますし、一つひとつの中身も濃いので、米国エマジェネティックスインターナショナル社の人たちはとても驚いています。リアルに経営の現場でEGがこれほどたくさん使われ、これほど成果を上げている国は世界でも日本だけです。

今も2年ごとにEGはバージョンアップしている

EGはブラウニング博士が最初のバージョンをリリースしたあとも何度も改良が加えられています。開発時点から2年ごとにバージョンアップすることが設計に組み込まれているのです。われわれ人間の心理は可変的で、世相が変わることでものの考え方や行動のスタイルが変わることがあり得るためです。例えばEGの開発当初のデータを見ると男女の性差がプロファイルに影響していました。しかし、世界的にジェンダーフリーとなってきたこともあり、現在では男女差はほとんど見られなくなってお り、男女別でプロファイルを算出しなくなりました。

コロナ禍をきっかけに人と人との距離感が変わったり、テレワークが一般化したり しましたが、今後ニューノーマルの生活様式がプロファイルに何か影響を与える可能 性もあります。

また、言葉の意味や概念も時代によって少しずつ変わっていきます。古いままの用 語を使っていると、受講生に誤解や混乱を生むことにもなってしまうので「この用語 が適切か」といった見直しも同時に行います。

つまり、ＥＧのプロファイルには最新のデータや用語がリアルタイムで反映される ようになっているということです。ただし、ＥＧの理論そのものは変わらず、学んだ ことは一生使えるので知識が無駄になることはありません。

大企業にもっとＥＧが浸透すれば日本の産業は変わる！

現在の日本においてはＥＧを活用していただいているのは、中小企業が中心です。

ただ、私の願いとしてはぜひ大企業にも使ってほしいと思っています。従業員規模の大きな企業でEGが使われれば、たくさんの人を人間関係のストレスから救うことができるからです。

今、日本の企業ではうつやパワハラ問題などが注目されていて、一刻も早い解決が望まれます。しかしながら、どこの会社・人にもあまねくアプローチをできるツールや方法というのが見つけられていません。実際にはEGという万能に近いツールがあるのですが、情報にアクセスできていない企業が多いのが現実です。「もっと効果的なツールや方法があれば……」と思っている大企業がEGと出合えば、人事やマネジメントの概念が覆り、パラダイムシフトが起こります。そして、人間関係に起因する諸問題の大半が解消されることでしょう。その劇的な変化・深化を多くの人たちに体験してほしいのです。

複数の大企業が導入するようになれば、「あの有名な会社が使っているEGって何だろう?」「うちも使ってみたい」というふうにEGの認知度が上がっていくでしょう。すると、中小企業での導入も加速していくに違いありません。

どんな会社でも使うのが当たり前のツールになれば、労働者はみんな気持ちよく元気に働き、業績の停滞している会社が次々とよみがえっていきます。やがて日本の産業界そのものが大きく成長していくことになります。私はEG事業を通して、そのような未来を作っていきたいと考えているのです。

学校で子どもたちがEGを学べる未来を目指して

将来的には、アメリカやカナダのように日本でも教育現場にEGを導入したいというのが、もう一つの私の悲願です。

自分には能力が欠如していると悩む子どもをなくし、いじめや差別などをなくしていきたいのです。いじめの多くは、「あいつは変わっているよね。普通と違うよね」というところから始まります。ですが、EGは「普通は人によって異なる」ことを教えてくれます。私自身もいじめを受けたり、学校生活に納得していなかったりした時代がありました。だからこそ違いを排除するような画一的な日本の教育を改革したいと思っています。

日本の学校制度・教育制度は旧態依然として、新しく変わっていくことに慎重なため、ＥＧを使ってみようと思ってもらうのが非常に難しいのですが、根気強く啓蒙《けいもう》を続けていきます。最近はアクティブラーニングやプログラミング教育など、少しずつですが教育の中身も変わりつつあるので、どこかで潮目が変わるかもしれません。また、ＥＧの活用が企業から広がり、教育現場にも飛び火するかもしれません。高い壁でも希望を捨てずに猪突猛進するのが、私のプロファイルでもあります。

かつて私たちが開催した入門セミナーに参加した25歳の男性が「このセミナーは世界中の人が成人すると同時に受講すべきです。そんな法律を世界中で作るべきだと思います」とおっしゃいました。なぜ、そう思うのか？と質問すると「世界が平和になるでしょう――」と力強い回答をいただきました。

その方がおっしゃるとおり、ＥＧには相互理解によって人間関係を平和にする力があると思います。自分と違うから相手はだめだと思ったり、人と違うからいじめがあったりしますが、ＥＧはみんなの普通が異なることを教えてくれますし、異なっているからこそ良いのだと教えてくれます。子どものうちから素養としてEGを身につけることで、その子どもたちが大人になったとき、多様であることが当たり前だと認識する人たちが増え、平和な社会を作っていくことができるはずだと思うのです。暴力や暴言によって相手をこらしめたりマウントを取ったりするのではなく、コミュニケーションで歩み寄る世界、相手の違いを認め許せる世界、「人は違うから面白い」「多様性は豊かさだ」と思える世界――そんな世界になれば、戦争さえも減らすことができるかもしれないと思うのです。

今も昔も地球上で人間同士の争いのない時代はありませんでしたが、EGは人類の歴史を変える可能性を秘めています。いじめや差別や戦争で傷つく人、大切な人が傷ついて悲しむ人、恨みを抱く人などがいなくなり、誰もが平穏な暮らしの中で自分らしく生きられたら――。そして、人類以外のあらゆる生物の多様性も守っていけたら――。この世界はすべての命にとっての理想郷になるに違いありません。

おわりに

ＥＧの創始者であるブラウニング博士は「Emergenetics in every mind」と言っています。「世の中のすべての人にＥＧを」という意味です。

子どもから大人まですべての人がＥＧを使ってくれると、世界は明るいものになっていきます。そういう世界を私とスタッフは作っていく使命を背負っていると常々思ってきました。

ＥＧが日本に入ってきた２００８年から順調に受講者数を増やしてきましたが、ここ数年はコロナ禍の影響で足踏み状態が続いています。ＥＧのセミナーはプロファイルの違う人たちが20～30人集まって、テーマごとにチーム替えをしながらワークショップをするのがメインなので、オンラインでは開催が難しく、中止を余儀なくされました。

企業への新規導入もいくつか決まっていて、その一つは私が念願としてきた大企業だったのですが、それも中断している状況です。大企業への導入が起爆剤となり、ＥＧ

が世間に広がっていくというビジョンが描けるはずだったのに、お預けをくっている今の状況を歯がゆく感じています。

しかし、コロナ禍もようやく収束し、再生のムードが世の中全体に出てきました。約3年間じっくりと蓄えてきたエネルギーを注ぎ込み、ここから一気にＥＧ事業を拡大していく所存です。

２０２３年1月末にはＥＧの日本語版アプリをリリースし、いつでもどこでも自分のプロファイルを確認できるようにしました。また、セミナーの種類も増やしていく予定です。ＥＧを知ってもらうための取り組みにも力を入れており、本書はその一環として書くことにしました。

ＥＧの魅力は活字で伝えるには限界がありますが、興味をもってもらうきっかけにはなったのではないかと自負しています。とはいえ、実際に体験しないと分からないことが多いのも事実ですから、より理解を深めてもらうためにもセミナーにも参加してもらえればと思います。ＥＧがより多くの人に届き、職場が楽しい場所になれば嬉しいです。

末筆になりましたが、１１００社を超える日本国内のお取引先企業の皆さま、過去にプロファイルを取得し、ＥＧをご活用いただいている10万人を超える皆さまに感謝いたします。皆さまからご支持いただいたことで、今日の私たちがあります。

書籍化にあたって、執筆に2年を費やしてしまいました。

執筆中の２０２３年8月、ゲイル・ブラウニング博士が天国に旅立たれました。ブラウニング博士は、ＥＧを世に生み出し、世界的なネットワークを構築し、その普及に取り組まれました。私自身を含め、世界中の多くの人たちに多大なる影響をもたらしたブラウニング博士の偉業を改めて思います。ブラウニング博士は、「より良き世界を作るために一人でも多くの人たちにＥＧを活用してほしい。自らの死後もその想いを多くの人たちに継承してもらい、発展させてほしい」と強く願っておられました。

私、そして私の会社の中でも、この人口急減時代において、ＥＧを使った心理的安全性の構築、人的資本経営について模索し続けています。先日、私が代表を務める、株式会社賀正軒（飲食業・ラーメン店）が心理的安全性ＡＷＡＲＤ２０２４のプラチナリングを受賞しました。審査委員からは「賀正軒での取り組みは、組織の大小、職種のいかんにかかわらず、心理的安全性が人のチャレンジを生み、人の成長を実現し、大きな成果につながると証明してくれました」と、評価していただきました。これは、私にとっても従業員にとっても、これまでの取り組みが評価されて、たいへん嬉しいことでした。もちろん賀正軒でもエマジェネティックス®を道具として使い、さまざまな取り組みを行っています。環境づくりは人づくり、人づくりは会社づくり。この書籍が、読者の皆様にインスピレーションを与え、新たな可能性を提示できることを願っています。そして、私が敬愛するブラウニング博士の遺産を大切にし、未来へとつなげていくために、この書籍が一助となれば幸いです。

２０２４年９月

賀川正宣

賀川正宣（かがわ・まさのり）

株式会社 EGIJ 代表取締役、株式会社 NSKK ホールディングス代表取締役。

1968年生まれ。2008年エマジェネティックス（EG）と出合い、自らの会社の経営に EG を取り入れ、組織力と接客サービスの向上を体感し、大きく業績を伸ばす。

自らが経営する携帯電話販売会社では、全社員、アルバイトの全員が EG 研修を受講。

2010年には携帯電話販売台数で日本一になるなど、目覚ましい業績向上を実現させ、2012年には持ち株会社に移行、他業種へと事業領域を拡大、全グループ企業で EG を活用し、成果を出し続けている。

本書についての
ご意見・ご感想はコチラ

なぜ組織の心理的安全性が高まらないのか

2024年9月9日　第1刷発行

著　者　　賀川正宣
発行人　　久保田貴幸

発行元　　株式会社 幻冬舎メディアコンサルティング
〒151-0051　東京都渋谷区千駄ヶ谷4-9-7
電話　03-5411-6440（編集）

発売元　　株式会社 幻冬舎
〒151-0051　東京都渋谷区千駄ヶ谷4-9-7
電話　03-5411-6222（営業）

印刷・製本　中央精版印刷株式会社
装　丁　　弓田和則
装　画　　ササキシンヤ

検印廃止

Printed in Japan
ISBN 978-4-344-94498-5 C0034
幻冬舎メディアコンサルティングＨＰ
https://www.gentosha-mc.com/

定価はカバーに表示してあります。